小さな声、光る棚

新刊書店Titleの日常

辻山良雄

幻冬舎

小さな声、光る棚

新刊書店Titleの日常

目次

本のこと、店のこと

通り過ぎたものたち

コロナ禍の書店

写真　齋藤陽道

ブックデザイン　鈴木成一デザイン室

本のこと、店のこと

本屋は「動的平衡」

毎朝本屋には、その日発売の新刊が入ってくる。箱を開封し、取り出した本のカバーや大きさ、手に持った感じなどを確かめながら、それぞれの本の置き場所を決めていく。店で売れそうな本、力を入れて売りたい本は、店の入口にある平台。すぐには売れないかもしれないが、そのジャンルに興味を持つ方から長く読まれそうな本は、棚の前……。

本を抱え店内を歩いているあいだにも、店には様々な人が入ってくる。その多くは出版社から送られてきた荷物を運ぶ、運送会社のドライバーだが、たまに開店時間を間違えた人や待つことができないという人もいて、コンコンとガラスの扉をノックする。

「おはようございます。営業は一二時からですよ」

扉を開け一応そのようなことを伝えてみるのだが、遠くからきたとか、ほしい本を一冊買うだけだからといって、すっと中へと入ってしまう。

平台の本は毎日内容が少しずつ変わる。そのほとんどは最近発売された新刊だが、ずっと売れている本はたとえ一年前に出版されていても、変わらず目につくところに置いてある。

大きな出版社の本、渋い専門書版元、個人が自主製作したリトルプレスなど、いまでは本の発行元も雑多。共通しているのは、それが〈本〉と呼ばれていることだけだ。もちろん棚には限りがあるから、入荷した本が棚に収まらないときは、ずっと動いていない本を同時に抜き取り、返品する。

福岡伸一さんの著書『新版 動的平衡』によれば、人間の身体を形作る細胞は、絶え間なく壊されては作り出され、高速で入れ替わっているという。そう考えるといまここにいる〈わたし〉は昨日と同じに見えるかもしれないが、細胞レベルで見れば決して同じではない。

本屋もいっしょであり、たとえ店が昨日と同じように見えたとしても、その中ではたえず違う本が本棚を出入りし、一日たりとも同じ日はないのである。だから本屋はいつでもあたらしい。

開店の時間は決まっているから、それが迫ってきたところで出せなかった本があれば下のストックにしまい込み、見た目を整える。売場をきれいに見せていれば、こちらでは多少気になるところがあったとしても、あとは本の方ではたらきあって流れが自然にできていく。

思うに店は人の体に近いのだろう。本が売れればそこには穴が開いてしまうが、その穴はすぐに別の本に取って代わられる。傷口がいつの間にかふさがってしまうように。

そのように本が循環する中、店主がすべきことは、流れに逆らうことなく一冊の本が行うはたらきを見守ることにある。

福の神

Titleのような小さな本屋では、まったく人のこない時間がある。そのたびに雨だから、寒いから、給料日前だからといって、人のこない理由を思いつく限り数えてみるのだが、それで状況が変わるわけでもない。その状態がずっと続くとさすがに気もめいってきて、二度とこのまま誰もこないのではないかと思いはじめる。

その日も、いつも通り一二時に店を開けたが、その後店に入ってくる人はいなかった。一度誰かきたと思ったら佐川急便のドライバーで、彼には悪いが、なぁんだと思わず口に出してしまった。

静けさは、意識すると重たくなる。遠くに聞こえる車のエンジン音と、自分が立てるカタカタというキーボードの音以外は無音の、凪のような状態が長く続いていた。

少し気分を変えようと奥のカフェに行き、自分でコーヒーを淹れて、歩いている人をウィンドウ越しに眺めながらゆっくりと飲んだ。

「なんで誰もこないのかな」

カフェにいた妻にそう話すと、彼女は口をとがらせ、うーんと答えたのだが、そのとき入り口の扉が開いた。

入ってきたのは、これまでもたまに店にきていた若い男性だった。彼はいつも店内をじっくりと見ては小説などを一〜二冊買って帰るのだが、今日は棚を見る時間をほとんどかけず、店内をぐるりと回って、すぐに本を六冊持ってきた。

いつもの彼からすれば意外な行動だったので、どうかしたのと声をかけた。

「実家の近くで働くことになって、明日引っ越すんです。といっても神奈川のほうなんですけど。引っ越すまえに、欲しかった本を全部買っていこうと思って……」

彼のことは店のお客さんであるという以外なにも知らなかったが、遠くに行ってしまうということを聞き、急にたよりない気持ちになった。がんばってと声をかけると、

「これまでありがとうございました。近くに来たらまた寄ります」とだけいって、彼

はさっそうと帰っていった。一度動くと決めた人のいさぎよさだろう。

彼が帰ったあとは、店内はまた客で賑わいはじめた。人が人を呼ぶことはよくあるが、彼が入ってきたおかげで店にまた人が戻ってきたのかもしれない。そういえば話したのははじめてだったと、あとから思い出した。

旗を立てる

まだ店を準備していたときのこと。画家のnakabanさんが広島から東京にくるというので、西荻窪駅で待ち合わせた。その時nakabanさんには、店のロゴや書店の店内をイメージした絵の制作を依頼していた。

喫茶店で打ち合わせをしたあと、二人であてもなく吉祥寺まで歩いた。物件がなかなか見つからないとこぼすと、ではこれから街を見に行きましょうということになったのだ。

ちょうど秋も深まってきたころで、肌寒い一日だった。こんなところに店があったら素敵ですねとか、辻山さんの店はルイジ・ギッリが写真に撮る空間のようになるんじゃないかなと彼が話すのを聞きながら、細い路地を歩いたように思う。

「そうはいってても物件が出ないことにはね……」

そのようにはっきりとはいわなかったが、準備が思うように進まない焦りもあったのだろう。その時はすぐに明るい返事を返すことができなかった。

吉祥寺にある店舗用品の専門店で、カフェで使う食器を見ていたとき、わたしは次の用事がありますからといってnakabanさんは帰ってしまった。気がつけば相当な時間が経っており、もう日も暮れかかろうとしている。

「あぁ……。せつない」

ひとりになってがらんとした店内を見渡すと、本当に店なんかできるのかと心細くなった。


そんなある日、インターネットの不動産サイトで、少し変わった物件の情報を荻窪に見つけた。築七〇年くらいの一軒家で、見たところいわゆる看板建築。そして家賃は破格の値段だった。

前面に銅板が張られた表情のある建物で、実際にその前まで行ってみるとすぐに心を惹かれてしまった。通りから見た姿は建物が存在していた時間の長さを感じさせ、その佇まいはお金では買えないものであると思った。

一つだけ気になったのが駅からの遠さだ。通常本屋は人通りの多い駅前にあることが多く、このように離れた場所ではたして商売が成り立つのか不安があった。

そんな時nakabanさんからメールがきたので、先日見つけた物件の話を書いて返信した。まだ人に話す段階ではなかったけれど、誰かの意見を聞かずにはいられなかったのだ。

あたりまえのことは、なかなか自分では気がつかない。彼から返ってきたメールには、ぼくには店のことはわからないけどと前置きがあり、「でも、辻山さんが旗を立てた場所が、みんなの好きな場所になっていくんじゃないですか」と書かれていた。

そうか。

あたらしい店が生まれるとは、ゼロがイチになるということだ。どこで店をやるにしても、まずは旗が立てられなければならない。この世界のどこかにわたしの旗が掲げられていて、それがパタパタと風になびいている……。

個人で掲げたその旗はきっと小さくて、高くは掲げられないだろう。だからいくら駅前でもビルのあいだにあるよりは、少し離れた見通しのよい場所のほうが、誰からもよく見える。彼のなにげない一言は、「本屋をつくる」という具体的なイメージを与えてくれた。

後日店が開店し、nakabanさんがはじめて店に来てくれたときお礼をいった。あの一言がなければ、いまここに店はできていなかったかもしれない。

もっともそれを聞いた彼の反応は「ぼく、そんなこといいましたっけ？」だったのだが。

ブックスキューブリック

福岡のブックスキューブリックに最初に行ったのはいつか、もう覚えてはいない。しかし名前だけはよく知っていたその店に、はじめて足を踏み入れたときのことはよく覚えている。

こんなに小さいのか。

木の床を踏みしめながら店内に入ったとき、まずそのように思った。店内をぐるりと歩くだけであればほんの十数秒あればたりそうで、お客さんが数人入れば通路を行き交うのにも苦労するといった感じ。しかし店内の本に目をやってみると、一冊一冊のタイトルに目がとまり、自然とこころが惹かれてしまう。それは並べられた本がよく手をかけられている証拠でもある。

天神の喧騒を抜けると道行く人には大人が増え、落ち着いた雰囲気があたりにひろがりはじめる。店は「けやき通り」と名付けられた目の前の通りに、違和感なくなじんでいた。遊びにくる人もいるのだが、この街に暮らす人も多くて、それがほかにない独特の面白さをうんでいた。

店に入ってすぐの一番目立つ場所には、このような本屋にはめずらしい『小学一年生』や『コロコロコミック』などの子ども向け雑誌が置いてあったが、それは地元の人が買いにくるのだろう。

風通しのよい店だと思った。

店主の大井実さんはけやき通りの店に続き、その後福岡市郊外の箱崎にも店を構えた。広々としたそちらの店では、店内にカフェやベーカリーも併設している。

「店内でも、イベントがやりたかったからね」

それはブックオカという、福岡で年に一度行われる、本のお祭りを立ち上げた大井さんらしいことばだった。けやき通りを使っての古本市、東京から作家を呼んでのトークイベント、本に関わる大小様々な店とのタイアップ……。そうした複雑でスケールの大きな祭りの中心が、個人で営む小さな店であったことは、最初にわかには信じがたかった。大井さんは仲間の先頭に立ち、本や店というものが持つ可能性を、誰も考えたこともないやり方で示したのであった。

大井さんはわたしが店を開店する際にも相談にのってくれたが、そうした話をしたのは、いつも箱崎店のカフェだった。観光客らしき若い人や、近所に住んでいると思しき老夫婦など、様々な人がゆったり行き交う姿を目にすると、この店が九州で担っている役割が感じられる。

しかし、いまわたしの記憶に残っているのは、そのとき彼が語ってくれた開店前の焦燥、けやき通りの物件に出合ったときの「雷に打たれたような」衝動だ。すべてはあの空間からはじまったのだ。

ブックスキューブリックが大きな存在になったいまでも、小さなけやき通りの店がそこに変わらずあることに、わたしはなんだか勇気づけられる。

後からのまなざし

人の気配がしたので視線を店内に戻すと、児童書出版社に勤めるＩさんが満面の笑みを浮かべて立っていた。その後ろにはスーツ姿の新入社員の女性が二人、緊張した面持ちでうつむいている。

「さあ、名刺を出して」

出版社や取次といわれる本の問屋では、新入社員研修の一環として、取引先の書店を回り本が売れていく現場を見せることがある。ああ、もうそんな季節かと、会社に勤めていたころを思い出して懐かしくなった。

大型書店にいたころは、常に一〇〇名以上のスタッフと一緒に仕事をしていた。そのときわたしは「マネージャー」と呼ばれており、多くのスタッフを指導する立場にあったのだが、彼らに何かを教えたというよりは、それぞれが自分の役割をはたしながら一緒に働いていたという感覚のほうが近い。各フロアの売場はそれぞれの担当者が作っていたから、フロアを実際にまわり、売上よりはできるだけ本の話をするようにした。

書店の仕事にはマニュアル化できるところとそうでないところがあり、最終的に結果として違いが現れるのは、マニュアル化ができないところにある。多くの組織はその性質上、人をマネジメントしたがるものだが、マニュアル化できない個性的な仕事は元来マネジメントとは合わないのだろう。マネジメントの網で捉えようとした瞬間、のびのびと行われていた仕事が急に萎んでしまうのを、これまで何回も目にしてきた。

マニュアル化できない仕事を伝えていくには、自分が実際にその仕事を行い、リアルな姿を見せていくしかない。

「マネージャーはいつも楽しそうでいいですね」

一度直属の部下に、なかばあきれられながらもそのようにいわれたことがあるが、それは自分が理想としていた姿でもあったので、我が意を得たりと内心ではうれしく思った。

人の自発を促すあいだに、気がついたことを伝えてあげれば、その人らしい別の仕事は生まれてくる。わたしに皮肉をいった彼女だが、好きな著者を呼んだトークイベントの企画など、いつのまにか自分でもあげてくるようになった。

いまの店では手伝ってくれるアルバイトは何人かいるが、そんなに長い時間働いてもらえるわけではない。店にきた若い人に、ここで働きながら本屋の仕事を覚えたいといわれることもあるが、申し訳ないと思いつついつも断っている。

しかしこうしてわたしが本を売る活動を続けていることが、直接は会うことのない、誰かのはげましになっているのかもしれないと、最近では思うようになった。本の仕事は組織や職種といった狭い枠を越えつながっているものだから、どこにいても届くべき人には届いているのだろう。

直接教える部下はいなくなったかもしれないが、後から続いてくる人たちのまなざしを感じながら、今日も仕事をしている。

小さな自由

フランツ・カフカの『城』は、「城」に雇われたはずの測量師Kが、いつまでたってもその城には入ることができず、見えない何者かによって翻弄される、迷路のような小説だった。『城』が書かれたのはいまから一〇〇年以上も前の話だが、個人が巨大な組織にこづき回され、「責任者不在」「担当者不在」のまたらい回しにされる様子は、ひとたび問題が発生しても誰も責任を取らず、物事がけむに巻かれたようにうやむやになっていく、現代社会を予言していたかのように見える。

会社を辞め個人の本屋をはじめた理由の一つに、自分の責任だけで完結する、継続的な場所を作りたかったことがある。書店チェーンに勤めていたころは、その店に慣れたと思ったらすぐ異動になり、知らないあいだに会社の事情で、店の閉店までもが決められてしまうことさえあったから、自分の意志とは反して仕事が一本の線となって続いていかないジレンマがあった。

ある店が閉店することになり、その理由を部下にはっきり説明できないまま口ごもると、「まあ上の人が決めたなら、仕方のない話ですからね」と、かえってあきらめよく理解されてしまった。大きな組織の中では誰もが等しく無力であり、どこかであきらめの身振りを身につけないと、こころが保てないことだってあるのだろう。

たとえ小さくても、自分が責任を持てる場所でなければ意味がない。

そのように思い店をはじめた。個人の本屋であれば、誰に気兼ねすることなくいいと思った本を並べることができ、何か変だと思った仕事はその場で断ることができる。店をはじめたとき、誰もいない営業後の店で、この場所を終わらせるのは自分しかいないのだということに気がついた。それはとてもシンプルで、わたしがはじめてつかんだ小さな自由でもあった。

もちろんわたしの店なのだから、何か問題が起こったとしても、その問題をほかの誰かが解決してくれる訳ではない。会社であれば、手違いから誰かを怒らせることになったとしても、自分の後ろには謝ってくれる人物がどこかにいた。そう考えれば個人の店では、何があっても最終的に物事を終わらせるのはすべてそこの店主しかいない。

まともに思えることだけやればよい。

それは個人経営のよいところであり、その店が長く続いていくための秘訣でもある。仕事量は増え、肉体的には勤めていたときよりもきつくなったが、それでも続けていられるのは、その小さな自由がわたしには合っていたのだろう。

Oさんの野球帽

それが誰であれ、定期的にきていたお客さんの顔がみえなくなると、何かあったのだろうかと不安になる。しかしその人が歳を召した方ともなると、不安の内容もまた変わってくる。

ある雑誌を毎月定期購読していた女性がいたのだが、発売日にはこちらから連絡しなくてもすぐ取りにきていたのに、そのときはひと月以上もそのままで、もう次の号が発売になってしまった。念のためと思い携帯電話に連絡したところ、思いがけず男性の声が出たので、突然のことにギョッとした。

ああ……。

その男性の声を聞いた瞬間、何があったのかすべてわかってしまった。電話口の人と話してみると「妻は先日亡くなりました。これまでありがとうございました」と、ていねいにお礼を伝えられた。

いや、嘘でしょ。まだそんな歳でもないし（見た目からいえば六〇くらいだ）、この前まであんなに元気だったのに……。彼女のことをよく知っていたわけではないが、そのときは動揺して、しばらく仕事が手につかなかった。

Oさんはいつも新聞の切り抜きや図書館で書いてきたというメモを片手に、本を注文していた。退職後のボランティアで手伝っていたという福祉関係の本や、若いころに好きだった近代文学など、一回につき四〜五冊。近所にこんな場所ができてうれしいよと、最初きたときに話してくれた。

一度、三カ月くらいOさんの姿が見えない時期があり、心配はしていたのだが、ある日の午後店にやってきた。

久しぶりに見たOさんの姿は別人かと思うほど痩せており、頭にはつばのある野球帽を目深にかぶっていた。一瞬ひるみことばも出なかったが、彼は毅然とした姿で「本を注文していいですか」と、いつものようにこちらを見て話をされる。差し出されたメモの字は震えており読みづらかったが、何くわぬ顔で自分を落ち着かせながら、その書名を書き写した。

それからもOさんからは二～三回注文があった。注文した本を受け取りにくる人はOさんではなくなり、奥さんや家族の誰かなど、その都度変わった。最後の注文は社会主義に関する本で、この厚い本をOさんはまだ読むのだろうかと思いながら、出版社に電話をした。

そうした注文も途絶え半年以上が過ぎたころ、店に奥さんがやってきた。「Oは亡くなりました。あの人は最後までここで本を買うのが好きだったのですよ」と笑って、彼女はOさんなら買わないであろう美術館のガイドブックを買って帰られた。

ええ。いらっしゃらないから、そうかもしれないとは思っていたのですが……。

口まで出かかったことばは、胸のうちに留めおくようにした。奥さんはいまでも、ときどき店にきてくれる。

「ここにある本はわからない」

店をやっているものとしては失格かもしれないが、お客さんの顔がなかなか覚えられないでいる。話に相槌を打ちながら、この人誰だったかなと思っていることはしばしばあるし、話しかけて怪訝な顔をされたと思ったら、思っていた人と違う人だったということもこれまでに何回かあった。

妻にそんな話をすると、「店には似た雰囲気の人が多いからね」と返ってきた。確かにある店を好きだと思って来店する人のあいだには、似たような趣味嗜好が存在するし、その人たちが置かれた環境も近いのかもしれない。個人経営の店では、並べている商品にはあらかじめ店主のフィルターがかかっている場合が多いから、店内にはどうしても同質の空気が醸成されやすい。

だから〈違う〉人が入ってくると、その人はすぐに目立ってしまう。声のボリュームが違う、着ている服が違う、店内を眺める視線が違う……。大抵の場合はその人のほうでも居心地が悪いのか、すぐに出て行ってしまうのだが、まれに話しかけられることもある。

「ここにある本はわからない」

以前、店のなかを一回りしたあと、こちらをまっすぐ見て、そういい残して出ていった女性がいた。彼女の態度からは、「わたしにはこの店の本はわからないかもしれないが、馬鹿にされては困る」といった、ひとりの人間としての矜持《きょうじ》が伝わってきた。街に店を出すとは〈違う〉人生に否応なしに触れることだ。突然のことで返事はできなかったが、ふしぎと嫌な気持ちはしなかった。それは近所の人の多くがこの店に対していわずもがな思っていたことかもしれないし、そこにことばが残されたのは、何も見なかったことにするよりもいいことだと思ったのだ。

客は行きたい店を選ぶし、実は店のほうでも来てほしい客を選んでいる。わたしたちはそのように無言でお互いを選び合い、その結果すぐ近くにあったはずの人生は、いつのまにか交わることのない、遠いものとなってしまった……。

本を選ぶことには、いつも何かしらのうしろめたさがつきまとう。時々は選ばない人生が潔く思えて仕方がない。

覆水盆に返らず

新しい本を仕入れるときは、この人とこの人は買いそうだなと、具体的な顔を思い浮かべながら数を決めることが多い。もちろん本屋はわたしの店だけではないので、そう思った人が必ずしもここで買ってくれるとは限らないのだが、その人を想像しながら仕入れた本が、思った通りの人に渡っていくことは、ちょっとした快感でもある。

木皿泉さんの小説が発売になった。この本面白いですよと、代表作である『昨夜《ゆうべ》のカレー、明日《あした》のパン』を人にすすめたことも多く、書評で何度か取り上げたこともある作家なので、並べたい新刊だと思っていた。

店には事前に予約が可能な出版社の本は、発売日に希望の数が入ってくるが、それができない出版社の本はすべて後から注文することになる。今回の新刊も発売日に入荷はなく、店に入ってくるのは早くても何日かあとだ。

そんなとき、以前に「昨夜のカレー」も『さざなみのよる』も買ったNさんの姿を店内で見かけた。「しまった。いま木皿さんの新刊ないな」と思っていると、彼女は別の本を手にしてレジで会計を済ませ、何もいわずに帰っていった。

セーフ。

それから数日して、新刊の『カゲロボ』が店に届いた。すぐに買うのは数人かと思ったのでとりあえず三冊。Nさんのことも頭をよぎり一冊取っておこうかなと思ったが、特に取り置きを希望されたわけではなく、そのことが彼女へのプレッシャーになってもよくないので、そのまま三冊店に出した。

出した日に一冊が売れその翌日にもまた一冊売れた。在庫があるときに一回でも店に来てくれれば、その人に対する義理は果たしたと納得できる。Nさん早く来ないかなと思っていると、棚に差した最後の一冊が数日後に売れてしまった。

Nさんが次に来店したのは、その日の夜のことだ。長い時間店内の棚を見ていた彼女はレジまでやってきて、「そういえば最近木皿泉さんの新刊が出たそうなのですが、いま在庫はないでしょうか」と丁寧に尋ねられた。

タイミングがよくないときは、実際に存在する。しかし一度店に放してしまった本の行き先は、どれだけ悔やんでもこちらで采配することはもうできないのだ。

ずっと、店にいる

先日、代々木上原《よよぎうえはら》にあった幸福書房という新刊書店が、惜しまれながら閉店した。閉店時には多くのお客さんが詰めかけニュースにもなったから、この店のことを知っている人もいるかもしれない。店主である岩楯《いわだて》幸雄さんの書いた『幸福書房の四十年ピカピカの本屋でなくちゃ！』という本に、このようなことばを見つけた。

「――それか、ずっとレジに立っていますね。ずっとレジに立って、一日を過ごす。だけど、それは町の人からしたら安心感があるのかもしれないと、常々思っています」

本によれば幸福書房の営業時間は朝八時から夜一一時まで。約四〇年間、元日以外の三六四日を、岩楯さんと弟さん、それぞれの夫婦四人だけで切り盛りしてきたという。本にはさらりと書かれていたが、毎日決まった時間に店を開けなくてはいけないというプレッシャーのなか、よく家族だけで営業を続けてこられたものだと頭が下がる。

　ある日の夜、店のイベントに登壇した方がしみじみと店内を見回したあと、このように話をされた。

「ここに一日いらっしゃるのですか？　僕にはとても務まらないな」

　Titleのような小さな本屋の一日は、朝、店に届く本を並べたら、あとは閉店までほとんどレジを動かないという、地味を絵に描いたような姿である。活動的な人にとってみれば耐えがたく思えてしまうのも無理はない。

　たとえ小さな本屋であってもやるべき仕事はたくさんあり、実際には地味だと感じている暇もないのだが、むしろ店主がそこにいることこそが大切なのだと、店を続けていくうちに思うようになった。

　店主の変わらぬ姿はその場所に落ち着きを与え、一貫した流れをつくる。店を一定の姿に保ち続ければ、そこにふさわしい本や人は、求めなくても自然と集まってくるだろう。

　岩楯さんは「ずっとレジに立つ」ことで街の一隅を照らし続けた。岩楯さんがいるから今日は本屋に立ち寄ってみよう。幸福書房が営業しているあいだはそのように思った人も多かったのではないか。

そうした店がなくなるとは、そこに灯っていた街の光、ほのかな温かさまでもが失われてしまうことでもある。そしてその温もりは、ほかの何かで代わりにできるというものでもない。そう考えれば店は自分のものであるようにみえて、決して自分ひとりだけのものではないのだ。

添えられた手

Titleを開店した日の朝、その胸のうちは期待と不安でいっぱいだった。その時は前日の夜中まで開店の準備に追われていたが、自分では最善の店を作ったつもりでも、個人が勝手にはじめた店にお客さんがきてくれるかどうか、まったく自信が持てなかった。

開店時間の少しまえ、様子をみるため店の外に出てみると、そこにはすでに待っている人が一〇名ほどいて、その数は開店時間にはさらに増えている。シャッターを開けお客さんが店内に入ってくると、店のなかは途端にいのちが吹きこまれたように色濃く見え、その場の空気はいきいきと動きはじめた。

前日までの、じっとその瞬間を待っているという重たい空気は、一瞬にしてどこかに消えてしまった。お客さんで賑わう店の姿を見てはじめて、ああ、わたしは本屋を作ったのだという実感が心の底から湧いてきた。

先日店のイベントで、熊本にある橙書店の店主、田尻久子さんと話をした。橙書店は在庫の数こそ少ないが、空間の隅々にまで思いが行き届いている凛とした店である。これは滅多なことは聞けないなと思いながら、移転前と移転後で何を見て同じ店だと思ったかおそるおそる尋ねた（橙書店は熊本で起こった地震のあと移転していた）。

「本棚の前にいるお客さんを見て、橙書店だと思いました」

田尻さんはすこし考えてから、そのように答えたと思う。正直なところ品揃えや店の本棚という答えを予想していたから、お客さんを見てという答えには驚いたと同時に、この人はやはり信頼できると、顔が自然にほころんでしまった。

たとえ有名な店が人を感心させる品揃えをしたとしても、並んだ本を手に取る客の姿がなければ、そこにある本は飾っているようにしか見えないだろう。思えば自分の店にいる田尻さんは、遠くからわざわざ来た人や近所の常連さんなど、いる人すべてに分け隔てなく気を配っていた。一度店に行ったとき、カウンターの常連さんと話をしながらも、はじめてきたのだろうか、心細く棚を見ている男性客のことを、何気なく気にかけていた姿を覚えている。

その視線はそうと気づかせないまま添えられている手のように見えた。そこに添えられた手は、彼女が何を大切に思って仕事をしているのかを雄弁に物語っていた。

開店してから時は経ったが、いまでもその日最初のお客さんが入ってきて、やっとその日一日がはじまったと思う。お客さんが入らないうちは、店であっても店ではないような、どっちつかずな気のままだ。

本を運ぶ労働者たち

朝、店まで来ると、扉とシャッターとの間には、ダンボール箱に詰められたその日の荷物が届いている。Titleで扱う新刊本の多くは取次と呼ばれる問屋によって届けられるが、全国の書店に並ぶ本もまた、こうした表からは見えない人たちの仕事により支えられている。

個人的に取次の人は何人も知っているが、そのほとんどは自分の仕事をただ淡々とこなしているように見える。出版社や書店で働く人間のように、一冊の本に関し思い入れ深く話すことはまれで、その主な関心は、本を少しでも早く全国の書店に届けることに向けられている。

職人を思い起こさせるその気質はどこからくるのだろう。それは彼らがもともとダンボールを何十箱と荷受けして、自分の手で一冊ずつ本を数える〈肉体労働者〉の集まりであったことと関係があるのかもしれない。

　そのような取次人を考えたとき、まず川人寧幸《やすゆき》さんの顔が思い浮かんだ。川人さんは神保町にある小さな専門取次を経て、いまは独立してツバメ出版流通という個人の取次会社を営んでいる。

　先日その川人さんとイベントで話をする機会があった。じっくり話すのは二〇年ぶりのことで、彼とははるか昔一緒に働いていた時期があった。新卒で書店チェーンに入社したとき、卒業前の三カ月間、仕事を覚える意味もあり本店のバックヤードでアルバイトをしたのだが、そこに川人さんがいたのだ。

　都心の大型書店では、毎日大量の本の出入りがある。我々のような仕入れと呼ばれていた裏方は、各取次会社や出版社から届いた本を何フロアもある売場ごとに分け、台車を使って運んでいた。本店のバックヤードは、「バックヤード」とは名ばかりの、ビルの駐車場の一角にあったから、夏はタオルがないと流れる汗を押さえられず、冬はドカジャンと呼ばれた厚手のジャンバーを着ないと寒くて仕事にならなかった。

　当時川人さんは哲学や映画が好きで、わたしは主に文学を読んでいたから、休憩中はなんとなくそんな話をして過ごした。インテリであるはずの彼の佇まいに、いまでも〈労働者〉という三文字を見てしまうのは、そうした環境で一緒に働いた時代があったからだろうか。

川人さんはトーク中もっともらしいことは口にせず、「ぼくのやっているのは労働だから」と繰り返すことが多かった。

「辻山くんの家に行ったとき、本棚のCDを見て基本は押さえているんだなと思った。ブルースならロバート・ジョンソンから並んでいるとか……」

そういえば一緒に働いていたとき、仕事のあとよく銭湯で川人さんに出くわした（二人とも店から近い、雑司ヶ谷《ぞうしがや》に住んでいた）。そんな時は、あ、どうもといったきり、特に何かを話すこともなかったが、互いに干渉しない働くもの同士のつきあいが、気軽で心地よいものに感じられた。

取次は一度契約を結んだ書店とは、余程のことがない限りそれを打ち切ることはない。それは彼らが「本を運ぶ」というシステムそのものであり、ある意味で採算性よりもその使命を優先させてきた表れなのだと思う。

本の世界のうち取次は、今後効率化の波を真っ先に受ける職種だろう。彼らの新しいシステムに、はたして〈労働者〉のいる場所は残されているのだろうか。

傍観者ではいられない

この度発売になった『新潮45』(二〇一八年一〇月号)に、LGBTに対する差別感情をあおる寄稿が掲載された。そのことはまたたく間にSNS上で拡がり、様々なメディアでも報じられることとなった。

その後発売元である新潮社は謝罪、『新潮45』は休刊に追い込まれたが、話は雑誌の是非にとどまらず、今後新潮社が出している本を扱わないと宣言する書店も出てきた。その一連の騒動を見ているだけでも、この時代に本を売ることの難しさを改めて考えさせられた。

書店は街に開かれた場所である。そこは誰でも出入り自由、お金を払わなくても気のすむまでいることができる、この時代ではめずらしく鷹揚な場所でもある。

しかしどんなに大きな書店であれ、世のなかにあるすべての本を置くことができない以上、そこに並ぶ本にはおのずとその店のフィルターがかけられる。そのフィルターという名の〈偏り〉は、店の売上や主張が表れたものかもしれないし、本棚を担当する人のごく個人的な嗜好を反映したものかもしれない。

つまり、どんな本屋も偏っているのである。

わたしはもともと置きたい本を自由に並べ、その本を必要とする人に届けたいと思い、本屋をはじめた。本を売ることはモノのやり取りであると同時に、モノに託された思いのやり取りでもあるから、店に並べられた本は、書き手の思いとともに売り手の偏った思いも伝えている。

だから何かの理由により、店に並べる本と、売る人の思いとの矛盾が大きくなれば、売場は次第にちぐはぐなものとなる。そのことはいつしか、店を続ける気概を奪っていくだろう。

店でモノを買う行為には、その店の姿勢に対して票を投じているという意味が含まれる。それはいまの時代品揃えやサービスだけでなく、「差別を煽《あお》る本を置いていないか」とか「環境や従業員に配慮した仕事がなされているか」といった、社会問題に対する店の態度が見られていることでもある。

この度の騒動は、もはや品揃えや利便性だけでは足りないのだといった、いま社会で起こっている変化を明らかにして見せた。自らの姿勢をあいまいにせず、外に向けてそれをわかりやすくみせることが、これから商売を続けていくためには求められるのだろう。

〈貧しさ〉について

最近ではテレビのニュースを見てもツイッターのタイムラインを眺めても、こころ冷えることばかりであり、無意識に気持ちがとじこもりがちになる。Titleが開店してもう数年が経つが、この間急速に世のなかを覆いはじめた〈貧しさ〉と、無関係ではいられなくなった。

貧しさといえばお金のことを想像されるかもしれないが、ここではそれに関して触れない。むしろささいなことに貧しさの芽はあり、本屋において知らない本に触ろうとしない人が増えたことは、その表れの一つだと思う。

本でも映画でも、旅先の風景でもそうかもしれないが、一般に知識と体験の量が増えるにつれ、同じものを見たときの理解できる箇所は増えてくる。

それに対し「聞いたことのない本だから」と、未知の本に触れることをやめてしまえば、その人に見える世界は段々と狭まってくる。それはまさに、いま日常の様々な場面で見られることであり、この社会が経済や効率を優先しそこに含まれないものは切り捨ててきた結果、人々の思考は単純化しつつある。

本はもともと、こうした貧しさとは対極にあるものだ。ある本をきっかけに、世界がそれまでとはまったく違って見えるという経験をした人もいるかもしれないが、それはその本により知らなかった知識や感情が刺激され、世界の解像度が高まったことによる。

本の世界に利便性が持ち込まれると、人の情緒に触れ、読む人を根底から変えていくような本は軽視される。その代わりコンビニエントで理解しやすい本の需要ばかりが高まるが、簡単に得た知識は忘れ去られるのも早く、その人の内実を押し広げることにはつながらない。便利だが貧しいという社会の状況に、本を取り巻く世界も飲み込まれているように思う。

たとえ知らなくても少しでも興味を惹かれた本があれば、まずはその本に触ってみることだ。触っているうちに、ただ紙の束にしか見えなかった物体は、〈本〉として認識されるようになる。そうした未知の本こそが、その人自身、延《ひ》いては世界を豊かにする。

本屋の本棚に知らない本が並んでいることは壁を意味するものではない。それは尽きることのない、世界の豊かさを示しているのである。

シンボルスカと良心、小商い

いまわたしの手元には、『終わりと始まり』という一冊の詩集がある。著者のヴィスワヴァ・シンボルスカは一九九六年にノーベル文学賞を受賞し、この詩集もポーランド文学を代表する一冊として読み継がれているが、そこまで頻繁に売れている本ではない。

しかしどこかの書店でこの本が並んでいる姿を目にすると、わたしはそこに、その店の良心を感じずにはいられない。すぐには売れないであろう本をわざわざ置くのは、そこに何かしらの気持ちをこめているからだろう。そしてその本からは、数字でこそ測ることはできないが、そうあってほしい世界へと手を伸ばす、ものいわぬ意志を感じる。

過剰な売上主義に縛られた店には、このような本を媒介としてよりよい世界に向かおうとする意志が感じられない。損得のみで生きている人がさびしく見えるように、売上効率のみで作られた店は、全体で見れば奥行きがなく、売場がばらばらでさびしい。

わたしは自分の店をはじめたことで、仕事におけるこの種のさびしさを感じることがなくなった。個人で店を続けるには売上と同じように自分の情緒が安定していることが必要なので、「良心にもとる仕事はしない」ことが、ここでは自明なものとなっているからだ。

先日、『小商いのすすめ』の著者である、平川克美さんが来店した。『小商いのすすめ』で平川さんは、商いのスケールダウンをしながら個人が責任ある仕事をすることが、人口減少時代においてはその人の幸福へとつながっていくことを説いている。「小商い」という昔からある言葉に、平川さんがあらたな生命を吹きこまなければ、個人で作る小さな本屋なんて思いつかなかったかもしれない。

平川さんは本を選んで珈琲を飲み、「たいしたものだね」といい残して帰っていった。しばらくするとしみじみとした嬉しさがこみ上げてきた。

何も知らなかった

書店での仕事をはじめたばかりのころ、ある時から同じ初老の男性に話しかけられるようになった。その姿を見かける割にはレジで会計することはほとんどなく、いま考えればわたしに話しかけてきたのも、先輩の女性社員たちからは、相手にされなくなったからだと思う。

以前出版社に勤めていたというKは「新入社員か?」「この店にはもう何年も前からきている」と威厳を見せるように話し、こちらが忙しくてあまり相手にしないと「年長者のいうことをちゃんと聞け」と、身体を震わせながら急に怒りはじめるのだった。

そんなある日、Kから「おごってやるから仕事が終わったら飲みにいかないか」と誘われた。いまならまず断るだろうが、社会人になりはやく何者かになりたいと焦っていた当時は、その誘いにも若干の期待を持って出かけていった。

指定された店は大衆的な居酒屋で、その時間のほとんどを、養子であるKの肩身の狭さや、誰も本を読まなくなったという愚痴を聞きながら過ごすことになった。

早く帰りたいと思う気持ちが顔に出ていたのだろう。それを見たKは急に親密な口調になり、「でも、辻山くんには見どころがあるよ。本の世界は大変かもしれないけど、頑張っていかなきゃな」と諭すようにいって笑顔を見せた。仕事をはじめてから誰かにそんな温かいことばをかけてもらうこともなかったので、その時は気持ちがほぐれるようで、素直にうれしかった。


それからしばらく経ち、遅番で出勤した日のことだ。

店に着くと数人の警察官の姿があり、事務所のなかには騒然とした空気が漂っていた。何かあったのですかと近くにいたAさんに聞くと、「Kが万引きで捕まったのよ」と、彼女はやりきれないといった表情をして答えた。

当時店には私服の警備員が入っていて、Kが会計前の雑誌を鞄に入れるところをその人が見つけたのである。取り調べからこれまでもKが店のなかで万引きを繰り返していたことが新たにわかった。

あわてて売場に出てみると、警察官に連れられて外へと向かうKの後ろ姿が見えた。うつむいて誰とも目を合わさず、そのままエスカレーターを下りていくのが、彼を見た最後の姿となった。


本屋の仕事をしていると、ときどきKのことを思い出す。

自分はあの人のことを、結局何も知らなかった。

万引きを繰り返していたことも事実なら、やさしいことばをかけたのも、また本心からのことだったのだろう。Kはもともと痩せた体ではあったが、あの日はそれがさらに痩せて見え、怒るというよりはひたすら気の毒に思えた。

「おじさん」の背中

わたしがある書店チェーンに入社し、本を売る仕事をはじめたのは一九九七年のこと。既にそのころから、本が売れなくなったといわれてはいたが、周りの空気はまだのんびりとしたもので、最初に配属された一〇〇坪ほどの店には「社員」と呼ばれる人が七人もいた。

多くの会社がそうだと思うのだが、昔の会社には各部署に一人くらい「おじさん」がいた。彼らはいま用いられるような生産性に照らし合わせると、お世辞でもよいとは全くいえない。人に何かを教えることはなく、仕事でめざましい成果をあげることもなかったが、彼らは「役員」や「部長」といった肩書で呼ばれる人とは異なり、半ばあきれられながらも、警戒心を起こさせない程度に身近な存在ではあった。

しかし平成の時代が進むにつれ、彼らの顔に浮かんでいた笑みは次第に淋しさを帯びはじめる。

本が売れなくなり会社の業績が悪化すると、そのしわ寄せはそれまで存在していた余裕に向けられる。ある者は自発的に、またある者は追われるようにして、会社からは「おじさん」の姿が次第に消えていった。

彼らがいなくなると、会議の進行を乱すような発言はなくなる一方、それまであたりまえに行われてきたことがそうではなくなった。そのころから売り場の本が乱れ、並べかたもちぐはぐな書店の姿を色んな場所で見かけるようになったが、そうした店でも「おじさん」がいなくなったのかもしれない。彼らは彼らなりに、その店で重石となっていたのである。

先日、古い知人が遊びにきた。彼は事務用機器を扱う会社で営業部長になったと話したが、昔はとてもそんな偉くなるような人物には見えず、どちらかといえばおじさん予備軍ともいえる男であった。彼自身、自分の出世に関してはとまどっているようで、「……うん、まあ少しは忙しくなったかな」とうれしいのかうれしくないのかわからない口ぶりで、どこか他人事のように話していた。

彼は、本は読まないからといって、代わりにコーヒーを一杯注文した。最近はシステムがすぐに変わるので、若い部下に教えてもらうことが増えたのだと、薄い微笑みを浮かべた。

人が本来のその人でいられない社会は息苦しい。前向きなイノベーションと引き換えにして、われわれは自らの感情や人間らしさを、進んで「システム」に差し出しているのかもしれない。

声にふれる

最近では本の注文も仕事の用件もメールで届くことがほとんどなので、電話が鳴ることに対し、軽い緊張を感じるようになった。知らない電話の声は、実際に面と向かって話すときよりも、他者に触れていることを強く思い起こさせる。

本を注文したお客さんからも、電話での入荷連絡はしないでくださいといわれることが増えているので、おそらくわたしと同じように感じている人も多いのではないか。

実は店にかかってくる電話の半分は、セールスの電話である。電気料金、クイックペイ、手軽にできる販促サービスなどその内容は様々だが、どれも電話を取った瞬間に、日常の会話では聞くことのない、取りすました人工的な声が聞こえてくるから、話を聞かなくても何の電話かすぐにわかってしまう。

そうした電話が続いていたある日のこと。さすがにうんざりして次にかかってきた電話に対し強めの口調で文句をいった。

「いや、二〜三分も時間なんてないですよ。別に聞きたいと思っている内容じゃないんだから……」

そういうと電話口の青年はしばらく黙ったあと、「……そうですよね。お忙しいなか失礼しました」と、静かな声で電話を切った。その時は怒ったわたしも嫌な気になったが、最後の濁った詫びる声が、彼のほんとうの声なのだとわかったことにはなぜだかほっとした。

彼は仕事で自分の声を押し殺しながら、リストに従い機械的に電話をしているのだろう。そうした匿名でのやり取りはこの社会の深い病《やまい》を想像させ、その一端に触れただけでもぐったりとする。


「あのー、すこしお聞きしたいんですけど」

「何でしょうか」

「今度発売の何て雑誌かわからないですけど、トートバッグの付録がついていて」

「ああ。『○○』という雑誌であれば、店に入荷はありませんで……」

　電話はそこで切れ会話は終わってしまった。女性の声からは、もう何店も電話をかけたあとなのだという苛立ちが最初から伝わってきたので、途中で電話を切られたことも不思議ではなかった。

　声は、たとえば顔に表れる表情よりも、その人の感情を生のまま伝えているのではないだろうか。

　ある日仕事の電話を切ったあと、その時たまたま横にいた妻が、こらえきれないといった顔で大笑いをしていた。

「だってあなた、だんだん声が小さくなっていくから。はい、はい……、はい…………って。あー可笑《おか》しい！」

　まあ確かにそうだなと思ってその時はわたしも笑ってしまった。電話で話していた男性は自分がいかに仕事ができるかについて、いくつも例を挙げ大きな声で語りはじめたものだから、この人嫌だなと気持ちが萎えてしまったのだ。

　横で聞いているだけでも何を考えているのかわかってしまうのだから、声というのはおそろしい。

本という共通語

「古本屋かと思って入ったけど、違うんですね」

築七〇年以上経つ外観がそう思わせるのか、よろこび勇んで入ってきたお客さんに、そのように苦笑いされることがたまにある。「いや、新刊書店なんですよ」と答えると、大抵の場合その人は、それは失礼しましたといってすぐに出て行ってしまうのだが、すぐに出ていくということは、そこにある新刊本にはほとんど興味がないのだろう。同じ〈本〉とはいいながら、新刊書店と古書店に来る客は、多くの場合あまり重なることがない（もちろん例外はある）。

本になじみのない人からすれば、そこに並んでいる本が新しいか古いか以外、大した違いはないのだから、本来はもっと交流があってもよさそうなものである。しかし実際には新刊書店と古書店ではほとんど別世界といってもよいほどで、同じ町に店を出していても、互いのことをよく知らないまま商売をしていることも多い。

いまでは資本力のあるチェーン店がほとんどとなった新刊書店とは異なり、古書店の多くはいまだに自営業、家族経営だ（ちなみに彼らのほとんどは自らのことを「古本屋」と呼ぶ。そのことばには誇りと謙遜が込められているようで、聞くといつもいいなあと思う）。

以前勤めていた会社では、年に二度、古書店が二五店舗ほど集まる古本市を百貨店の催事場で行っていた。その搬入搬出の光景は圧巻で、普段は店主しか顔を見せない店も、カゴ台車で一〇台以上の本を出し入れする際には、奥さん、子ども（小学生の子も手伝っている！）、誰かはわからないが雰囲気から一族だろうと思われる人など、家族総出で行っている。

店同士は知り合いのところが多く、あちこちであれまあ久しぶりですねなどと挨拶をしているが、そこには正月がきたような華やぎがあり、会社員の身としてはうらやましくなる温かさがあった。

「Titleでは毎年年末年始に、数店舗に出店してもらう古本市を行っている。古本市とはいってもこぢんまりとした趣味性の高いもので、同世代の古本屋としては若い店主の出す本は、古めかしいけどいまに通じる美意識が感じられ、見ていて飽きることがない。だからだろうか、店に来る人も一人で新刊・古本どちらも買って帰る人が多く、レジで受け取る本の組み合わせも多種多様である。

新刊書店が扱ういまの幅広さを横軸、古書店が担う本の奥深さを縦軸としたとき、この古本市を行っている時期が、店全体として最も本の持つ広い領域を見せることができているように思う。店主たちはそれぞれ新刊の買いものもしてくれるが、そんなときは本という共通語で語り合っている気にもなり、「古本屋といっても案外変わらないものだ」と、ひそかなうれしさを感じている。

穴あきの平積み

一日の営業が終わり店内に目をやると、棚の本がところどころ倒れ、平積みにしていた本が売れてなくなっていた。それはその日一日忙しかったことを表しているが、その穴のあいた平積みを見ていると、なつかしいHさんの声に、不意に怒られたような気になった。

「おれたちは、棚を売っているわけじゃないんだからな――」

Hさん（以下Hとする）はわたしが以前勤めていた書店の上司だった人だ。当時わたしは二〇代後半で、Hはおそらく三〇代半ば。わたしは就職活動のとき、Hが書いた書店の仕事に関する文章を読み就職先を決めたから、彼といっしょに働くことには何か運命的なものを感じていた。

Hは仕事に関して口うるさく、とにかくこちらのことをよく見ているので、いつも気が抜けなかった。一度商品整理をしていたとき、あきれられたことがある。

「つーさん。商品整理というのはね、見た目をただきれいにすることじゃないんだぜ」

Hは商品整理をやらせてみると、その人の仕事に対する理解度がわかるという。しかし彼はそれ以上のことはいわなかったので、わたしは自分の不甲斐なさを残念に思い、苦笑いで返すしかなかった（どこが駄目なんですかとは聞けない雰囲気があった）。

働く店が変わっても、Hからは毎日のように、夜の遅い時間メールがきた（電話も頻繁にあり、彼が店長をしていた店の人からは、「つきあってるの？」と尋ねられたことがある）。メールには仕事に関する話もあったが、そのほとんどは会社に対する批判であり、口先だけの嫌な上司には、もれなくあだ名がつけられていた。

わたしは自分を気にかけてくれるHに感謝しつつも、彼の過剰な性格を心配していたのだが、ある日Hは突然会社を辞めてしまった。

「まぁ、つーさんは大丈夫だよ。それより問題なのは○○だな」

Hは誰よりも口数が多く、好きな人には煙たがられるくらい話しかけたものだが、会社を辞めたあとは人から背を向けるようにして、誰とも連絡を取らなくなった。H

さんどうしてるのと多くの人に尋ねられたが、わたしは何も答えることができなかった。考えてみれば自分のことは何も話さない人で、彼について知っていることは、毎年命日になると、若くして亡くなった奥さんの墓参りに行くことくらいだった。

Hが辞めたあとは仕事の相談をする人もいなくなり、わたしはひとりで自分の仕事のやり方を見つけていくしかなかった。

閉店後散らかった本を直していると、次第に気持ちが落ち着いてきて、その日あった嫌なことも忘れられる。

ああ、こんな本だったんだ。

朝は開店の時間に追われ、その日入ってきた本をじっくりと眺めることはできないので、この時間に気がつくことはことのほか多い。その本が息をしやすいように少しずつ本を動かし、並びを調整していく……。

本をさわり商品整理をすることは、この仕事の基本である。それは何より、嘘をつかない。

萩窪の
地名となった
萩
自生の萩です
萩保存会

福
千万両

印刷

四面道
Shimendo

ムラタ
ISUZU

日野屋不動産
タイ酒場
EL-mana
TIME MACHINE
アール イー
5397-3473

ASAHI BREWERIES LIMITED
ASAHI BEER
THE BEER FOR ALL SEASONS
Asahi
アサヒビール

ストレスの多い方
忙しい方

通り過ぎたものたち

偶然をむすぶ町

ある日、店のウェブショップに届いた注文から、Fと書かれた見覚えのある住所を発見した。Fとは一五年前、わたしが広島にいたとき住んでいた小さなマンションの名前だが、その住所は折に触れ何度も書いたので、地名や地番の並びは記憶していた。何くわぬ顔で商品だけを送ることもできたが、そのままこの偶然を手放すことはもったいなく思われたので、商品と一緒に葉書を一枚同封した。葉書にはむかしわたしもFに住んでいたこと、こうした偶然の出会いにほんとうに驚いていることを簡単に書き添えた。

広島に住んでいたのは三年ほどで、そのときは勤めていた書店チェーンの支店で店長をしていた。はじめての店長職だったが、着任してすぐ当時の上司から、「実はこの店は改装をすることが決まっている（そしてプランはまだ何も決まっていない）」と聞かされ、ああ、やられたと、はしごを外されたような気になった。

嘆いても仕事は待ってくれない。広島店は万遍なくジャンルの揃った大型店だったが、それをアートやデザイン書、流行りつつあったライフスタイルの本を強く打ち出した店に大きく路線変更した。その店を気に入ってくれた人は多く、仕事はおおむね楽しかったのだが、改装では店舗面積を半分にしなければならずそれを機に店を離れるスタッフもいて、在任中はそのことがずっと心のしこりとなっていた。

その店はわたしが異動になり、店長が変わってからも営業を続けたが、数年前に閉店した。店がなくなる直前、もう一度その姿を見ておきたいと広島まで行ったとき、「この店で働くことができて楽しかったです。店長、またいつでも広島にきてください」とまだ残っていたスタッフからいわれ、少し気持ちが楽になった。しかし長く続く店の基盤を作れなかったことには悔いが残った。

先月トークイベントで、ふたたび広島を訪れた。会場となったREADAN DEAT《リーダンディート》の清政《せいまさ》光博さんは、わたしが店長をしていた時代の広島店によく来てくれていたという。清政さんはREADAN DEATを開く前は東京にいたのだが、L書店が閉店するというニュースを聞き一念発起、広島に人が集えるインディペンデントな本屋を開こうと決意し、故郷に戻ってきたというのだ。

最初、自分が過去に行った仕事が思わぬかたちでふたたび現れたことを知り、わたしはうろたえた。自分が積み残したものを、彼に押しつけてしまったような気がしたのだ。

それからも清政さんの話は、折にふれ何回か聞いたり読んだりしたことはあった。しかし今回あらためてREADAN DEATで、彼がそれについて屈託なく話すのを聞くと、広島との因縁が目の前にある店として結実したことを実感でき、「それでよかったのだ」と広島でのわたしをはじめて肯定できた。

ウェブショップの商品に同封した葉書には、後日返事が戻ってきた。彼の返事には偶然をよろこぶ静かな興奮に加え、彼の妻となった女性と「初めて連れ立って出かけた場所」がTitleであったことが、丁寧な文章で綴られていた。わたしが東京で店を開いてからまだそんなに時間は経っていないが、そうした短い間でも、この店は誰かの人生の舞台となっていたのだ。

ふしぎな縁もあるのだな。

返事を読むあいだ、遠い西の方から、ゆっくりとあたたかい陽が差しこんでくるような気がした。

二人の職人

「三時間くらいありますけど、話していればすぐに終わりますから」
寄藤さんはそのようにいったが、特に人として引き出しが多いわけではないわたしにとって、その三時間という時間は不安に思わせるには充分の長さであった。しかし寄藤さんのいったとおり、終わってみればあっという間で、彼が用意していた音楽の半分もかけられなかったほどだった。

先日、グラフィックデザイナーの寄藤文平さんがパーソナリティーを務めるラジオ、「渋谷のナイト」にゲスト出演した。はじまってしばらくは店の話をしたが、寄藤さんは「Title」が開店した当初、そのロゴを見ただけで、これは巷によくある〈おしゃれブックストア〉とは違うらしいと思ったという。

「Titleのロゴは、棒が縦に四本まっすぐ伸びていて、その横に小文字のe《イー》が丸くあるでしょ。デザイナーのセオリーでは、そのeは他の文字に合わせ、縦長にまっすぐ並べたいところなんです。でもTitleのeは一つだけ丸くて、しかも少し斜め上を向いている。これは本来ありえないことなんですよ」

そのロゴがいかに定石から外れたものであるかを、寄藤さんは一〇分以上にわたり力説していたが、その間わたしはといえば「この話は誰にも言ってないはずだけど……。寄藤さんが見ればすべてわかってしまうんだな」と、彼のものを見る解像度と解説の鮮やかさに、目を見張る思いをしていた。

実は店のロゴを作るにあたって画家のnakabanさんと議論になったのも、このeだった。丸い形ははじめから決まっており、最初は他の文字同様まっすぐに並んでいたのだが、ある日nakabanさんからそれを崩したいと連絡があった。

これでもじゅうぶん良さそうだけど……。

その時はそう思ったが、そのあとすぐ届いたロゴには、定石を崩すことで隙を発生させた人格のようなものが生まれており、これにも大変驚いた。

「このeが、ほかの四つの文字と均等にあるロゴであれば、ぼくはTitleがこんなに成功していなかったと思うな」

寄藤さんはそういったが、成功しているかどうかはさておき本屋の品揃えもまさに同じであり、様々な隙や雑味を含みながら全体のトーンを整えていくものである。同じ趣向やジャンルで整えられた店は一見美しいが、そこに含まれる思考の幅は狭くなり、再訪しようという気持ちが起きにくい。ロゴを見ただけでその背後にある店づくりの哲学まで直観した寄藤さんは、やはりすごいデザイナーだなとあらためて思った。

「これからは画家だな……」

寄藤さんは放送が終わったあとも、そのように悔しがっていたが、いい仕事は細部に宿ると、二人のすぐれた職人から気づかされた瞬間であった。

いま読みたい本を買うのではない

カメラマンのキッチンミノルさんは本を買う決断が早い。雑談の話題に上った本、ふと目についた本など、これ、買いますと即座にカウンターの上に積み重ねていく。つまり本屋としてはありがたい客なのだが、彼は買った本の半分もまともに読んでいないのではないかと、ひそかに思っている。

先日、BSで『ヒグマを叱る男～世界遺産・知床～』というドキュメンタリーを放送していた。熊と共存して暮らしている知床半島の番屋（漁師が漁場近くに作る作業所兼宿泊所）を追った番組を見ていると、発売時に買ったまま放置していた本があることを思い出した。それで本棚の奥に埋もれていた『熊を彫る人』という本を引っ張り出したところ、先ほどのドキュメンタリーと重なる箇所も多く、これはいま読むべき本だったなあと、この本を買った過去の自分を褒めたい気持ちになった。

買うからには自分の興味に沿った本なのだが、差し迫って読まなければならないものでもないので本棚に並べて満足する。わたしにはそういうことがよくある。

本棚は体の外に取り付けた脳みそのようなものなので、それを太らせることで、そこにある知や感情の総量は増えるだろう。買うだけ買ってまだ読んでいない本でも、そこに並んでいるだけで、充分自らの仕事をはたしているのである。

ネット書店では、既にわかっているいま読みたい本は簡単に見つけることができるが、いま読む必要はないがこの先どこかで関わりそうな本とはなかなか出合うことができない。インターネットが得意とする利便性は、いつも〈いま〉と関わっているからだ。

しかしそれはいまの自分をただ肯定するにすぎず、まだ芽を出していない可能性に水をやることにはならない。自分のまわりにいま必要な本しかないという状況は、わたしにはどこかさみしいもののようにも思えてしまうのだが、はたしてどうだろうか。

キッチンさんは大きな体軀をしてよく笑う男だ。店の二階で展示を行っているときなど、笑い袋になってしまったのかと思うほど、階上から長く続く笑い声が聞こえてくる。

しかし豪快だとばかり思っていると、彼の場合、そうふるまいながらことの本質を冷静に見極めているところがあって、他のカメラマンなら何カットも撮るところを、わずか一～二カットで済ませてしまう。つまり動きに無駄がないのだ。

彼は本のことを「資料だ」と話していたが、その「資料」が自分を肥やしてくれることを、よくわかっているのだと思う。

閖上《ゆりあげ》の夜

二〇一三年六月。その夜は仙台の出版社・荒蝦夷《あらえみし》の土方正志さんと千葉由香さんの二人に、地元の居酒屋を案内していただいた。

二軒目の立ち飲み屋にいたときに、どういうきっかけでそうなったのかは覚えていないが、「ではこれから閖上に行きましょう」ということになった（恐らくわたしがまだ行ったことがないと話したからだろう）。太平洋沿岸の閖上地区は漁港として栄え、住宅も立ち並ぶ地域だったが、あの日九メートルを超える津波により、町のほとんどが壊滅的な被害を受けた。

夜の一二時前、仙台の中心部でタクシーを拾い（運転手も「これからですか？」と怪訝そうな声で答えた）、三〇分ほど走ってここだと降ろされたところは、建物もなく草木も生えていないただ地面が広がるだけの場所であった。

すでに瓦礫の撤去が済んだあとの地域は、かつてそこに生活があったことすらないものとされてしまったかのようで、全き闇のなか、人の営みを感じさせるものは何一つとしてない。

音が完全にない世界とは、こうしたくるしいものであったのか……。

ずっとそこにいると、自分が存在していることすら疑わしくなってくる、徹底した〈無〉であった。

隣の土方さんは飲んでいる時は饒舌だったが、そこに着いてからは一言も話さなかった。ただそこに立ち、この場所に何が起こったかを想像してほしい。そのように問いかけられているかのようだった。これまで土方さんは外からきた多くの人を、こうしてここまで連れてきたのだろう。何一つことばは出てこず、物音は何一つしなくて、ただ遠くに波の音だけが聞こえた気がした。

仙台には「東北 可能性としてのフロンティア」というブックフェアを行うため、地元の出版社に協力を求めにいった。それまでも何度か震災関連の本を集めたフェアは行っていたが、ただ表面をかすめ取るだけで何かもの足りず、もっとできることがあるのではないかと思っていた。

そんな折ロシア文学者の亀山郁夫さんが、震災以降大切にしていることばとして、スーザン・ソンタグの一節を挙げているのを目にした。

「彼らの苦しみが存在するその同じ地図の上にわれわれの特権が存在する」

ソンタグの『他者の苦痛へのまなざし』という本は主に戦場写真を扱った写真論だが、同情の意味や限界についても触れている。それは震災当初、起こったことの大きさに何もできないばかりか、「当事者でもないわたしが同情するのは偽善ではないのか」と、同情することにもためらいがあったわたしにとって、見逃すことのできない本でもあった。

わたしはその本を読んだあと、地元の出版社のなかでも特に地域に根差した活動をしていると思えた荒蝦夷にすぐに電話をした。電話に出た土方さんは、「仙台までお越しになるというのなら、夜いっしょに飲みにいきませんか」と、その場で誘ってくださった。

土方さんはあの夜、わたしを閖上まで連れていったが、そこには確かに越えられない一線があった。それは実際に体験したものと、安全な場所からそれを見て同情するものとの違いでもある。しかも情けないことに、本当はわたしのほうが与えなければならないところ、実際には土方さんから受け取ったもののほうが、いまに至るまでずっと大きいのだ。

何かわかったように〈特権〉のうえにあぐらをかきそうになったとき、わたしはあの暗い浜辺のことを想像する。わかったと思う傲慢に身を任せてしまうより、無力に打ちひしがれながらでも自分の足で一歩を踏み出したほうがよい。

ほんとうの共感は、そこから築いていくしかないから。

母の「労働」

母親の胃癌がわかり、家の近くの総合病院に入院すると決まったとき、当時勤めていた会社に話して、実家のある神戸に定期的に通うようになった。看病といっても治療に関わる多くのことは、病院の看護師さんがやってくれる。その間わたしがおこなうことといえば、ベッドの脇で過ごしながら、母が話したくなればその相手をすることくらいだった。

病室では、時間は捕まえられそうなくらいゆっくりと流れる。それは東京で仕事をしている時とはまったく質が異なるもので、ひとたびその時間に身を委ねると、忙しいことが誇りでもあった東京での生活が次第に遠ざかっていくように感じられた。

母はこうした時間を生きていたのか。

用事で埋めつくされた時間では意識は常に先にあり、いまここにあるものの豊かさを、あらためて眺めてみるということはない。その重く確実に流れる時間に身をひたしていると、自分がいかに多くのものを見ずに過ごしてきたのか実感できた。

そのように東京と神戸を往復するうち、自分の価値観はゆらぎはじめ、次第にある考えが心のなかを占めるようになった。本を売ることに変わりはないが、もっと生活に密着した違う生きかたをしてみたいと思うようになったのである。

批評家の若松英輔さんは、『考える教室　大人のための哲学入門』という本の中で、ハンナ・アレントの「労働」と「仕事」という言葉に触れ、このように解説している。労働、すなわち英語のlaborという言葉には、陣痛あるいは分娩という意味もあり、それは生命活動と深く結びついた営みである。お金を稼ぐ手段を示す仕事（＝work）という言葉とは異なり、労働には人間の根源的な尊厳という意味が含まれる。若松さんの考えによれば、たとえ仕事はしていない状態でも、生きるという「労働」は、激しく行っていることがありえるのだ。

半年の入院生活を経て、母は亡くなった。会社を一週間休み葬儀やその後の手続きをすませたあと、勤めていた店に戻り会社を辞めたいと思っている旨を上司に伝えた。自分でも不思議なほど迷いはなく、とても晴れやかな気持ちであった。

病気がわかってからというもの、母はベッドに寝ていただけかもしれないが、確かに「労働」はしていたのだろう。その隣にいただけで、わたしは彼女の労働に触れ、まったく別の人間へと中身が変わってしまったのだから……。

母はわたしの店を見ることもなく逝ってしまった。まさか息子が会社を辞め、有金はたいて自分の店を開いているとは思ってもいないだろう。「労働」の結末とは、本人の意志を超えたところにあるのかもしれない。

農夫の手

展示期間の最終日、奥山さんが目のまえに現れたときは、なつかしい人と思いがけず出会ったようにとまどってしまった。三週間まえにも会ったばかりで、その時間店に来ることもあらかじめわかっていたはずなのだが……。

展示が行われていた六月のあいだ、写真家で展示の企画者でもあった奥山淳志さんとは、毎日店で会っているような気がしていた。黄色や暖色系の色が多い「弁造さん」の絵は、わたしがいる書店の階段を上がった二階に飾られており、それらの絵の後ろにはいつも奥山さんの視線があった。そして何より、奥山さんが書いた『庭とエスキース』の余韻が、ずっと身体中を包み込んでいた。

『庭とエスキース』で奥山さんは、北海道・新十津川町《しんとつかわちょう》の丸太小屋で自給自足の生活を営む「弁造さん」のもとを、弁造さんが亡くなるまでの一四年にわたり訪れている。

弁造さんは自給自足を可能にする「庭」を作る一方、若いころから絵描きになるという夢を持ち続けており、女性や母子像といった穏やかな絵をずっと描き続けていた（そしてそれらの絵は、一枚を除いて完成することはなかった）。この度の展示は、弁造さんが生前果たせなかった「個展をしたい」という望みを、かたちにするものでもあった。

一〇年以上の長きにわたり、自宅のある岩手県雫石町《しずくいしちょう》から北海道まで、季節ごとに通い続けるのも根気のいることだが、弁造さんという人物がいたことをいまの時点から振り返り、一本の糸のように紡ぎ出す、奥山さんが書く文章の足腰の強さにも驚嘆した。それは同じテーマが何度も変奏され、その都度印象を変えながら強度を増していく、終わることのない楽曲のようでもあった。

その夜はトークイベントを行い、終了後は荻窪駅近くの店で打ち上げをした。その席上、以前から思っていたことを口にした。

「奥山さんには、農夫のような印象があるんですよね」

奥山さんはあまりピンとこなかったようで、「農夫ですか、うーん……」と考えこみその話はそこで流れてしまったのだが、わたしにはその考えこむ姿が農夫そのもののように思えた。調子を変えずにゆっくりと話すリズムは土に鍬《くわ》を入れるようだし、彼が書く文章にもその息継ぎや着実さは残っている。そして何より初対面のときに印象に残った〈大きな手〉が、土を触り慣れている人の手に見えたのだった。

翌日は定休日だったが、搬出のため店まで出かけた。作業が終わったあと、奥山さんと『庭とエスキース』の担当編集者である小川純子さんと三人で、環八沿いにある中華食堂まで歩いていき昼ごはんを食べた（我々は全員七二年生まれだったので、出版元であるみすず書房の守田省吾社長からは「花の七二年トリオ」と呼ばれていた）。そこでもまた多くの話をして店まで戻り、その後奥山さんと小川さんは車で次の展示会場へと去っていった。

幸福感に満ちた時間とは、こうした午後のことをいうのだろう。別れる際、店の前で奥山さんと握手をしたが、やはり大きくて篤実そうな手であった。

街の避難所《シェルター》

白洲次郎・正子夫妻の旧邸である「武相荘《ぶあいそう》」を訪れた。以前は農家だったという敷地内の建物はショップやレストランに改装され、ミュージアムとなっている母屋には、二人が集めた調度品や骨董がところ狭しと並べられている。

そこだけ見て帰ったとすれば、洗練されたよい趣味の、お金持ちの家を見たという印象で終わったかもしれない。しかし母屋の一番奥には、突き出るような恰好で天井が低くなっている一室があり、そこが白洲正子の書斎であった。

部屋は三方を本棚で囲まれ、奥の壁に一つだけ、明かりをとるための小さな窓が開いている。書斎は襖ひとつ隔てただけで母屋と繋がっているが、多くの客を迎えたであろうほかの部屋とは異なり、正子の書斎にはプライベートな空気がたちこめ、濃密な〈異空間〉として隔絶している。窓の前に置かれた小机を見ていると、そこから数多くの作品が生み出されたことが想像され、創作というもののはてのなさに気が遠くなった。

本に囲まれたその小さな部屋は、正子にとって身体の延長のように感じられたのかもしれない。外の世界からは切り離され、思う存分自らの内に没入できたのだろう。無から永遠を生む作家の秘密を垣間見たようであったが、この書斎は本屋という場所を考えるときにも示唆的な空間だと思った。


何もしていなくても、パソコンやスマートフォンから大量の情報が入ってきてしまう現代では、意識しなくてもその情報と体とが勝手に繋がってしまう。

それに比べてTitleでは、何人かで話しながら入ってきた人たちも、並んでいる本を見ただけでいつのまにか黙り込んでしまうのだが、本のある空間には外からの情報を遮断する力があるのかもしれない。ものいわぬ本の静けさが、「ここは外の空間とは違うのだ」と、入ってきたものたちに告げているのだ。

そこに並べられた一冊の本自体一つの情報ではあるのだが、それは同時に遠い過去や異国から届いた声でもある。そうした声は心を鎮め、体を傾けるようにして聴かないと聞こえてくるものではない。だから本屋にいる人は自然と口をつぐみ、本が語りかける小さな声に耳をすませながら、本来のその人自身へと帰っていくのだろう。

常に何かにせかされるように生きている現代人にとって、そのわたし自身でいる時間は、何ものにも代えがたい体験であるに違いない。本屋はいま、「街の避難所」となっているのである。

記憶の店、遠い街

物音はなく、文庫の棚の裏に軽い気配を感じたと思ったら、そこにはしゃがみこんでいる男の子の姿があった。彼は真剣な表情をして、背表紙に書かれた本のタイトルを追いかけている……。

この夏の時期、数は多くないが、店内では中高生の姿をよく見かける。彼らのほとんどはこちらの様子を窺いながら、ある瞬間ぐっと意を決した表情をしてレジまでやってくる。大人のように無駄口は叩かず、会計を済ませるとすぐにどこかへいなくなってしまうので、彼らと必要以上話したことはない。

店を続けていくあいだには、同じ一人の子どもが求める本の変化にも気がつくようになる。宗田理を読んでいた子が森絵都や重松清を買うようになり、それはそのうちサン＝テグジュペリやパール・バックに変わる。

そんな時には、その子の机の脇に収まっているであろう、小さな本棚を思い浮かべる。街に店があるとはその街に住む人の本棚に責任を持つことでもあるから、子どもが一人で本を買うときは、大人のときよりも少しだけ緊張する。

わたしが中高生のときに通っていた神戸にある地元の書店は、随分前になくなってしまった。

阪神・淡路大震災では海沿いの街が多く被害に遭い、小さな商店や家が肩寄せ合うようにして並んでいた古い通りは、一瞬にしてすべてが崩れ落ちた。しばらくすると建て直した家も見られるようになったが、通りは完全には昔のように戻らず、街のあちこちには空き地が目立つようになった。

源氏書房も、その一角にあった店である。店には老人の客が多く、子どもが読むような本はあまり置いていなかったが、司馬遼太郎の歴史小説だけはかろうじて揃っていたので、少しずつ買って、飽きるまで何度も読んだ。いまのTitleよりも小さな店で、天井近くまでぎっしりと本が並べられ、日中でも薄暗い店内に入るとその密度に頭がくらくらとした。

数年前、入院していた母親の見舞いに行った帰り、時間があったので、実家が引っ越す前に住んでいたあたりを歩いてみたのだが、源氏書房があったはずの線路わきには、まだ新しそうな眼鏡屋が立っていた。家族でよく立ち寄った寿司屋や、同級生の実家である不動産屋の姿は変わらずあったが、大きさや門構えなど、どこも記憶とは何かが異なっている。

ここはもうわたしのための場所ではないのだ。

大きくなった身体にその街は少し物足りなく思え、誰とも話すことはせず帰りの新幹線で食べようと、名物である穴子寿司だけ買ってそこをあとにした。

自分一人でどこにでも行ける歳になれば、人はより大きな何かを求め、遠くまで旅するようになる。

しかしどんなに遠くまで歩いていけたとしても、そのたどり着いた場所を遡れば、そこには最初の一歩を踏んだ街の姿がまだ残っているだろう。いまではちっぽけに見えるその街こそが、あなたにとっては世界へと続く扉だった。

いま店に来ている中高生が数年経って街に帰ってきたとき、彼らはわたしの本屋を見てどう思うのだろうか。店は元々小さいのだが、それでも「思ったよりも小さいな」と、ひとりごとでも言うのかもしれない。

高田馬場の喫茶店

むかし毎週のように通った喫茶店のマスターは無口な人だった（四年間で二回しかまともに話した記憶がない）。堅苦しさはないが入るとき少しの緊張が必要な店で、白が基調の店内では無駄なものを目にすることはなかった。特に会話が禁止という訳ではなかったが、話している人を見かけることはあまりなく、ほとんどの客は一人でコーヒーを飲んでいた。

ある日店に入ると、珍しく大声で話している若者のグループがいて、彼らは店内でとてもめだっていた。そのときは彼らの声の大きさが気になって持ってきた本を読むことができなかったが、いつのまにかマスターがそっとグループのテーブルに近づき、一言二言何か話しかけたようだった。マスターが何をいったのかほかのテーブルには聞こえなかったが、しばらくすると彼らは立ちあがり、そっと店を出ていった。

本屋もひとつの〈場〉であると、店を開いてから気がつくようになった。本というモノを売り買いしていることには違いないのだが、お客さんはその時の居心地や空気までもふくめ、本の代金と一緒にお金を払っているように思う。

そうしたやり取りはいつも無言で行われる。それを壊さないようにするため、本屋は見ていないような態度を取りながら、目の端では店で起こることをいつも見ていなければならない。

客の目には普段と変わらないように見える光景でも、それは多くの要素のうえに成り立つ繊細なものである。それらがすべて円滑に回っているからこそ、人は安心してその場所に心を開くことができ、店にある本は輝きを放っていく。

喫茶店のマスターがあのとき何といったかはわからないが、客に恥をかかせない程度にそっとたしなめたのだろう。いつもの何気ない姿で立ちながら、あのときマスターは〈場〉を取り仕切っていたのだと、いまでも時々思い返すことがある。

小さなシステム

先日、ライターの石井ゆかりさんにお目にかかる機会があった。石井さんは胸にしみる文章を書くかたで、それももちろんすばらしいのだが、毎日欠かすことなく星占いを発信し続けるその職人たる姿勢に、以前からひそかに共感をしていた。

Titleのような小さな店をしていると、毎日同じことをしてよく飽きないねと言われることがある。その場所から動くことがほとんどないので、変化を求める人にとってみれば、何がたのしくてそんなことをと思うのだろう。

しかし、ある一つのことを理解したという感覚は、同じことのくり返しにしか生まれてこない。仕事でなくてもわたしたちは、日々の生活を同じリズムで過ごすうち、その些細な変化に気がつくようになる。

毎朝散歩する道、電車の窓から見える風景、季節になると毎年着るコート……。同じディテールをくり返すことで、その人の人生に対するシステムは構築される。わたしたちはその小さなシステムを通して、夏が終わったとか、今日はツイてるといった、生活が持つ深みを実感する。

Titleでは毎朝八時に「毎日のほん」を更新し、一二時の開店時間になればシャッターを上げ店の姿を写真に撮り、開店のお知らせをする……。それはいつの間にか生まれたこの店独自のシステムだ。たとえ仕事が停滞するときがあったとしても、無心で決まったルーティンを行うことでその澱みは解消し、仕事はふたたび前へと進んでいく。

日々変化する毎日を乗りこなすことも楽しいかもしれないが、わたしには決まった構えから、ささいな変化を感じとるほうが向いているのかもしれない。

虹の彼方に

Titleのウェブサイトには、「まったく新しい、けれどなつかしい」ということばが、左上に小さく書かれている。これは何もわたしが考えたわけではなく、会社を辞めて自分の店を開くことを決めたとき、小説家のいしいしんじさんが返してくれたメールに書かれていたことばだ。

まだ店の場所も決まっていないのにメールには、「——まったく新しい、けれどなつかしい、ずっとそこにあったはずなのに、たったいまできた空間。こころから楽しみにしています」と書かれていた。それを読み、ほんとうに店を開くのかと決意を新たにする一方で、はたしてそんな〈物語〉のような店になれるのだろうかという不安もあった。

だから四年が経ち、いしいさんを店に迎えてイベントができることには、心に期するものがあった。トークの話題は主に短篇集『マリアさま』のことだったが、SP盤の愛好家でもあるいしいさんには、蓄音機と短篇ごとに決めたテーマソングをお持ちいただき、話の合間には会場にきたお客さんと一緒にそのSP盤を聴いた。

録音時のスタジオの音を溝に刻み、それを鉄の針で「版画のように」再生するSP盤は、電気で再生する音楽よりも音が生々しく聴こえる。エルヴィスもアマリア・ロドリゲスもリパッティも、時を超え、いまこの小さな空間で歌い、演奏していた。「虹の彼方に／OVER THE RAINBOW」の曲が終わったとき、いしいさんは「ジュディ・ガーランドはこの曲を歌いながら、きっといのっていると思うんです」と語った。確かに彼女の歌声は見えないなにかに自らをさしだしているようで、この声はきっと天まで届いているのだろうと思わせる力があった。

いのるということは、なにも神のまえで手を合わせることだけではない。毎日を生きることにもいのりはあり、よき明日を夢みながら仕事をする、誰かのことを思いながら食事をつくる、そうした行為にはすべていのりが含まれているように思う。

トーク中いしいさんは、「過去の音楽も文学も時間を超えていまとつながっている。人はそうしたものに触れずにはいられないし、辻山さんもそれを信じているから、店を続けているのでしょう?」と話をされた。

そうかなあ、そうかもしれない。

わたしは人が本を手にとるときの、その純なこころの動きが好きだ。そう意識しなくてもその人は、少しでもよい人間になりたいと願い、目のまえの本に触れているように見える。わたし自身、たとえ同じ日のくり返しに見えたとしても、明日はもう少しいい店にしたい。派手に勝たなくとも、変わることなく長く続けたい……。

今日はうまくいかなくても明日こそはと思うとき、人は遠くにかすかな虹を見ている。

朝のショベルカー

師走。店に歌人の岡野大嗣《だいじ》さんがやってきた。彼を描いた、帽子を目深くかぶり肩幅の広いコートを着込んだイラストを見たことがあったが、ほんとうにそのままの姿で現れたので、それがなんだかうれしかった。

通過待ちであいてるドアの向こうから冬の工事の音がきれいだ
（歌集『たやすみなさい』より）

岡野さんの地元・大阪に行ったとき、ＪＲ環状線の新今宮駅で乗り換えをした。高架になっている駅からは、地面を掘削している何台かのショベルカーが見えたのだが、朝の澄んだ光に照らされたその光景は、もう二度と訪れることのない、かけがえのない瞬間のように思えた。

心がじんとふるえたが、周りにいた多くの電車待ちの人に、その感情は伝わることがないだろう。まだ秋の日のことで聞こえてくる音はなにもなく、遠くにショベルカーが動いている姿だけが見えた。

二〇一九年は岡野さんに限らず、関西の人に会う機会が多かったように思う。トークイベントで話を聞き、展示で在廊している作家と話すとき、関西弁に戻ることがしばしばあった。わたしは神戸の生まれなので、地元のことばを話すと一瞬にして体質までが変わり（何というか「もったりと」する）、子どものころといまの自分とがひと続きになるような気にもなる。


吉祥寺で映画『ハード・デイズ・ナイト』（ビートルズの四人がずっと走りまわっている映画）を観た。ぽっかりと空いた時間、そのとき近くで上映している映画をスマートフォンで調べたので、たまたま観たといってもよい。スクリーン上の若きジョン・レノンにはこちらがちょっとなにもいえなくなる圧倒的なかがやきと存在感があり、観てよかったなと思った。

映画では彼らの初期の代表曲が流れていたが、「ALL MY LOVING」が聞こえてきたとき、もし自分の葬式を行うのなら、その時はこの曲を流してほしいと思っていたことを不意に思い出した。そう思っていたのは二〇歳前後のころだが、自分がそんなに好きだったにもかかわらず、そのことをいままでずっと忘れていたのだ。

曲の歌い出し。一瞬息をつめたあとのハーモニーの奔流。

熱いものが込み上げてくるまでまったく時間はかからなかった。

自分に一度蒔かれた種は、たとえ時が経っても消えることはない。そのことはあなたの体が一番よくおぼえている。

これからは少しずつ昔の自分に戻っていくのかな……。

高揚した気分で映画館を出て街を歩くあいだ、これからやるべきことが少しだけ見えた気がした。

父と「少年ジャンプ」

子どものころは毎年正月がくるのが憂鬱だった。学校という社会を離れ、普段は向き合うことを恐れていた家族と、四六時中一緒の時間を過ごさなければならなかったからだ。

両親と兄とわたしの四人家族は仲が悪いというほどではなかったが、わたしが子どものころは父が外でひそかに借金をしており（「ひそかに」という割に、家族のものはみなそのことを知っていた）、それもあってか父は家のなかではお酒を飲みすぎ、家の空気はいつも悪かった。

元日には父が家族に対してお屠蘇《とそ》を一杯ずつふるまうのだが、普段尊敬されているわけではなかった父が家長として座っている姿はお芝居のようで、毎年早く過ぎてほしい空疎な時間だった。お屠蘇はそのうち日本酒に変わり、食事がすんだあとも父は一人で飲み続けていた。酔うとかならず最後には機嫌が悪くなり、声が次第に大きくなる。

「よしお――っ」

階下から聞こえてくる声に耳をふさぎ、なんでこんな家に生まれてきたのかと、いますぐどこかに飛び出したい気持ちになった。

父の作った借金は、阪神・淡路大震災という未曽有の災害をきっかけとして、思わぬかたちで解消された。そのころ兄とわたしはすでに家から出ていたので、両親はそれまで住んでいた家を売り払い、同じ神戸市内でも下町のほうに引っ越しをした。

その小さな家に引っ越してからは、父は人が変わったように穏やかになり、酒を飲むと大きな声を出すかわり、自分の内にこもるようになった。

「ジャンプはまだ読んでるんか」

酒で肝臓を悪くし入院することになった父を見舞いに行ったとき、父はそのように言った。「ジャンプ」とは『週刊少年ジャンプ』のことで、わたしの子どものころは電車で漫画雑誌を読む人がまだ多かったから、毎週月曜の帰宅時には、電車の網棚に誰かが置いていったジャンプを父が持って帰ってきたのだ。

「読んでない」

もう大学を卒業しようという歳になっていたわたしはそっけなく言った。なぜ久しぶりに会ったのに、この人はジャンプの話をするのだろう。そのまま黙っていると父は「あのジャンプな、実は毎号ワシが買っててん」と続けた。

「ああ、そうなんや……」とわたしは言ったが、父が買って帰っていたことはうすうす勘づいていた（そうそう毎週網棚から見つけられるものではない）。

「これ、捨てられてたんや」

最初に父がジャンプを持って帰ってきたとき、わたしはうれしい顔をしていたのだろう。捨てられていたジャンプを子どものために持って帰ることは、それから父が自分に課した物語のようなものだったと思う。

父は自分の子どもにさえ不器用な人だった。いま思えばお屠蘇を飲んで酔っ払わなければ、その場にいることすらできなかったのかもしれない。お正月が苦しかったのは、何もわたしだけではなかったということだ。

　そういえばジャンプの話をしていたときも、わたしのほうは見ず、病院の窓から見える山のほうに向かって、ずっと話し続けていた。

夜が明ける

神戸や東京、福岡、広島など、これまで様々な土地で新年を迎えてきたが、どこにいても元日の朝はしんとして空が高く、よく晴れていた。まだ「ハレ」ということばも知らない子どものころ、この世から音というものが消えてなくなってしまったようなまわりの空気に、何か厳粛な気持ちになったものだが、祖母が亡くなったのもまたそうした元日の朝のことだった。

その年は大みそかの夜、遅くまでテレビを見ていたはずがいつのまにか寝てしまっていたようで、気がつくと布団のなかに入っていた。夜中、遠くのほうでせわしなく廊下を駆ける音や人の話し声、車が止まる音などが聞こえたように思ったが、特に気にすることなくふたたび眠りに落ちた。

翌朝よく寝たと思って起き上がったら、母から、けさ祖母が亡くなったと聞かされた。風呂に入ったまま寝てしまったのだという。

その一週間ほどまえ、わたしははじめて自分で眉を剃った。不良っぽく眉をまっすぐ整えるのが、その当時、中学生の仲間うちではやっていた。見慣れないわたしの顔は、家族の中に思わぬ動揺を引き起こしたようで、いつもはわたしに関わろうとしなかった父親がこちらを覗きこみ、嫌そうな顔をして去っていった。

祖母もわたしを見るなり困ったような顔をした。

「そんなん、やめとき。みっともない」

祖母は孫にやさしい人で、わたしは怒られたこともなかったから、その困った顔はとても胸にこたえた。祖母が逝ったのはそれからすぐのことだった。

まだ年が明けたばかりだったので、葬式は家のなかで、家族だけで執り行ったように思う。黒い学生服を着てぽつんと立っていると、みなに自分の顔をじろじろと見られ、非難されているような気がしてならなかった。

わたしが悪かったので、祖母は死んでしまったのだ。

葬式のあいだ本気でそう思ったが、この世にはとりかえしのつかないこともあるのだと、そのときはじめて思い知った。

母が亡くなったのもまた、数年前の正月のことだ。それまでずっと病院にいた母は年末から一旦自宅に帰されていたのだが、元日の朝からみるみるうちに容態が変わり、日が変わった深夜、逝ってしまった。その瞬間は隣の部屋で妻と今後に関する話をしていたが、母のいる部屋から突然カッという大きないびきのような音がしたので、見なくても何が起こったのかすぐにわかってしまった。

のちにトークイベントで医師の稲葉俊郎さんに話をうかがう機会があったが、そのとき稲葉さんは、人は死ぬとき周りの空気をすべて飲み込むようにして逝ってしまうとおっしゃった。母の立てた音はまさに、その「すべてを取り込もうとして息絶えた音」だったのだ。

母のお世話をしてくれた方を待つあいだ、家から出て外の空気を少し吸った。ちょうど夜が明けるころで、実家は坂の途中に立っていたから、そこから見下ろせば空と街とのあいだが赤く染まりはじめているのが見える。よく見ると、早くも明かりが灯っている家もあった。母は亡くなったが同じ空の下、様々な人生がその日も動きはじめようとしていた。

たとえそうであっても人はその日を生きなければならない。

外は寒かったが、少しずつ明けていく空を見ていると、次第に勇気が湧いてきた。

わたしにはなにもないから

先日、二回りほど歳が上で、いまは出版社を経営している男性と酒を飲んだ。幾つかの業種を渡り歩き、バブルの狂騒もその後の退却戦も経験している彼の話は金に関することが多く、確かな月日と少なくはない傷を感じさせるものだった。

自分の人生を充分に生きていないかもしれないという後ろめたさは、若いころからわたしにつきまとっている一種の強迫観念のようなものである。へぇ、そうですかと相槌をうちながらも、そうした危うさやある種の欲とは無縁でいた自分が意気地のない人間のようにも感じられ、聞いているあいだはどこか引け目もあった。

「ここまでなかよくなったから言いますけど、最初あんたの顔を見たときは、なんて苦労のない、つるんとした顔かと思いましたわ」

年長者には物事の本質がよく見えている。そう言われるのは実はそれがはじめてではなく、ある葬儀のあと、はじめて会った遠縁の親戚からも、あんたはなんや幸せそうな顔しとるなと会うなり言われたことがあった。

「いや、これでも毎日苦労してるんですけど……」

そのときは苦笑いを交えながら抗議したが、彼の言わんとする苦労とは、たとえば明日の金にも困る日々を、歯を食いしばりながら生きてきたということだろう。そのような人生において人はポーズをとる必要はなく、自らの顔ひとつで自分の生きた証を証明することができる。

店には、自分で作った本を置いてほしいという人もやってくる。その女性が持ってきたイラスト集も、ああ、あの作家の作風だなと一見してわかるものだったが、その作家には確かに存在する毒が、彼女の作品ではそこだけが抜け落ちてしまっているように思えた。

自主製作とはいえ本屋の店頭に置かれることは、商業出版の本と同様に見られることでもある。あなたのことを知らない誰かが手に取ってみたとき、この本には何かを感じさせる強さが足りないと思う。彼女にはそう率直に伝えた。

「わたしにはなにもないから……」

何が起こったかわからないという間が二秒ほど続いたあと、女性はそのように言ったと思う。それはわたしに話したというよりは、勝手に口をついて出てきたことばのように聞こえたので、より胸にこたえた。

「見ていただいてありがとうございました」

彼女は店を出ていったが、しばらく作業をするあいだ起こったことは覚えていても、彼女がどのような顔をしたどんな人物であったのか、いつのまにか忘れてしまった。


自分には何もないと思う人生は、リアルな苦労を抱える人生よりも軽いのだろうか。確かなのは人生の時間も、その結果としての顔も、みなに等しく与えられているということだけだ。わたしも彼女と同じ「なにもない」側の人間なので、その容易には説明しがたい不安や苦しさは、ある程度まで理解はできる。

なにもない自分を見続けた先には、何か待っているものがあるのだろうか。それがわからなくてもわたしたち後ろめたきものは、知りぬいている退屈な自分とともに今日も生きていくしかない。

途方にくれる大人

店の近くに「原っぱ公園」と呼ばれている広い公園がある。店が休みの日の夕方などそこを通りかかると、近所の若いお母さんが子どもを遊ばせている姿をよく見かけるが、その脇を歩きながら、ふと遠くまできてしまったと思うことがある。

It is the evening of the day
I sit and watch the children play
Smiling faces I can see but not for me
I sit and watch as tears go by

ある日の夕暮れどき、

わたしは座って、子どもたちが遊ぶ姿を眺めている
彼らは笑っているが、その微笑みはわたしに向けられたものではない
わたしは座り、眺めている。涙あふれるままに……

「AS TEARS GO BY」（日本語訳は筆者による）

ローリング・ストーンズの曲を知っているから、目のまえの光景に心を動かされるのか、目のまえの光景から知っている曲を思い出すのかはわからない（それは分かちがたいものだ）。しかしその曲が頭のなかに流れてきた瞬間、感情につかまれないように、すぐにその場を立ち去った。

流れ去る時間をまえにして、人はあまりにも無力だ。人生をさかのぼってもう一度やり直す気にはなれないが、「やはりそうあるべきだったのか」と自らに問う声は、どこまで逃げても影のようについてくる。

目のまえで無心に遊ぶ子どもたちは、幸いにしてまだその声を聞くことはない。

先日発売になったばかりの『誰にでも親切な教会のお兄さんカン・ミノ』は、そう

そう、こんな小説が読みたかったのだと思わせる短篇集だった。幾つかの話には作者であるイ・ギホ本人を思わせる小説家が登場するが、彼らはみなそうありたい自分の理想を持ちながらも、思うにまかせぬ現実にとまどい、翻弄されている。

誰かの苦しみを理解して書くのではなく、誰かの苦しみを眺めながら書く文章。僕はそんなのをいっぱい書いてきた。
（「ハン・ジョンヒと僕」）

目のまえにいるリアルな他人と、人はどこまでわかり合うことができるのか。それは作家である以前に、人間として彼に根差した問題意識のように思える。なんだかひとごとではないと思いイ・ギホの略歴を見ると、わたしと同じ七二年生まれだった。ちょっと人生には慣れてきたけど、まだまだ予期せぬことでつまずいてしまう年齢。自分が思い描いていた生きかたはいまのそれとはすこし違うのかもしれないけれど、なんとかこのままやっていくしかないだろう……。作風はバラエティに富んでいたが、いい大人が途方にくれている姿が最終的には心に残った（そんな光景はなかったのかもしれないが）。

わたし自身には子どもがいないから、そのこともあってか店にくる小さな子どもと話すときは、いまでも顔がこわばってしまう。そのような時は自分が人として無力なように感じてしまうのだが、あのすこし足りない気持ちはなんだろう。

給水タンクの午後

いまではそんなことはなくなったが、一時期街を歩きマンションやビルが見えると、つい屋上のほうを見上げてしまう癖があった。人からは不思議がられたが、わたしはそこに給水タンクの姿を探していたのだ。

学生時代の最後の年、卒業まではまだ時間があったので、暇な日は下落合《しもおちあい》にある内外学生センター（「ガクト」と呼ばれていた）まで行って、日雇いのアルバイトを探した。そこに張り出されている仕事の多くは、ビルの解体や引っ越しの補助など肉体労働だったが、たまに変わったアルバイトもあって、給水タンクの掃除はそこで見つけた。

マンションなどの屋上に設置されている給水タンクの水を抜き（完全に抜け切るま

で時間がかかる）、タンクの中に潜りこみブラシでくまなく掃除をして、終わったらまた水を溜める。この世にそんな仕事が存在するとは思わなかったが、需要はあるようで、仕事のある日は午前中にひとつ、午後にひとつ、タンクを洗った。仕事が終了したら時間にかかわらずそこで終わりという気楽さもよく、何回か続けたらガクトを通さず、直接会社から連絡がくるようになった。

その会社は吉祥寺にあったので、仕事ではそこから南の京王線や小田急線沿線の街に行くことが多く、それらの住宅地は当時わたしが住んでいた街よりもずいぶん明るく見えた。タンクの蓋を開け外に出たあとの空は広く、知らない街の、家々の屋根がどこまでも広がっている景色を眺めることは気分がよかった。

ある日いつものようにタンクの中を掃除して、道具を担ぎ車に運ぼうとすると、非常階段に向かう入口の脇に人影があった。ふと視線をそちらにやると、中年の男女が一つになって静かに抱き合っている姿があった。

「うわぁ」

大声を出す気はなかったのだが、そんなところに人がいるとは思っていなくて、つい声が出てしまった。二人はそのまま身動きもせず、女性のしわのある手が男の大きな背中をしっかりとつかんでいた。

「すみません！」

あわてて非常階段を下り駐車場までいって、先に車のところにいた仕事の責任者（仮にKさんとしておく）に道具を渡した。Kさんはまだ若く社員ではなかったが、仕事は任されているようで時たま一緒になった。自分から何かを話すタイプの人ではなかったが仕事は丁寧で無駄がなく、わたしはこの人と組むことが好きだった。

「そういえばさっき……」。車に乗ってしばらくしてから、運転するKさんに先ほど見かけた男女の話をした。彼は黙って聞いていたが、そんな人は見なかったといった。

「ふーん。でも誰かいたら気がつきそうなものだけどな。屋上ではたまに人と会うけどあれにはいつも驚くな」

それから彼は自分が見たという、危ないからとどれだけいっても、決して給水タンクのそばを離れようとしないおばあさんの話をした。

「刑事ドラマなんかでよく犯人が屋上に追いつめられるだろ。タンクの周りってなんかそういう場所なんだよな」

わたしが見かけたと思った中年の男女もまた、何かから追いつめられていたのだろうか。いまとなっては知りようもないが、そのざらりとした切迫感はいまでもすぐに思い出される。

インターネットで調べると、水質や維持管理の問題から、いまでは給水タンクが新しく作られることはほとんどなく、かろうじて古いマンションにのみその姿をとどめているという。

ある夢にまつわる話

年に数回、決まって見る夢がある。細部はその時により少しずつ異なるが、内容はいつも同じ。「調べによりあなたは大学を卒業していないことがわかったから、今日から不足している単位をすべて取らなければならない。卒業するまでは仕事も辞め、毎日大学にくること」。そのように誰かから言い渡される夢だ。

そう伝えられ、これからどうしようと鬱々としはじめたところで、いつも目が覚める。しばらく放心したあとまわりを見回し、「ああ、今日も店に行けばよいのだ。別に大学には行かなくてもよいのだ」とすこし安心するのだが、体じゅうからはまだいやな汗が出ている。そうした夢を見ることに少しは心当たりもあるのだが、それがわかったからといって、夢の方からわたしのもとを去ってくれるわけでもない。

わたしは大学にいたとはいえ授業にはほとんど出ず、入学式も卒業式も行かなかったから（卒業式の日、ホーチミン・シティの路上でひとりフォーをすすりながら「ああ、今日は卒業式なんだな」と思った記憶がある）、大学にほんとうにいたという実感がない。学生街の食堂や古本屋、大学近くで続けたアルバイトなど周辺の記憶は鮮明なのだが、肝心の授業での記憶だけがすっぽりと抜け落ちているのだ。

しかし卒業はしたかったから、テストのときはどこからか回ってきたノートのコピーで準備した。ゼミも初回の顔見せ以外は一度も出ず、論文は資料を集め書くだけは書いて、教授室のポストに黙って投函した。

つまりすみませんすみませんと、誰かれともなく謝りたくなる「卒業」だったのだが、毎度夢にまで見るのは、そのうしろめたさがずっと心に残っているのだろう。まったく堂々と胸を張れるものしか、その後の役にはたたないということだ。

もう一〇年以上前になるが、必要にかられ（何の要件かは覚えていない。もしかしたらそれも夢のバリエーションの一つかもしれない）大学まで卒業証明書を取りに行ったことがある。その時は東京に戻ってきたころで、妻と一緒に出かけた。彼女は大学の講堂を見て「ふわー、大きいね。やっぱり福岡とは違うね」などと感心していたが、わたしはといえば本当に卒業証明書が発行されるのか、内心不安に思っていた。結論からいえば、卒業証明書はすぐに発行された。わたしが学生だった頃にはなかった現代的な管理事務所で整理券を受け取り待っていると、お待たせしましたと事務所の方がカウンターまでやってきて、卒業証明書を渡してくれた。市役所で転出届を渡されるときのように、あっさりとしたものだった。

「よかったね。じゃあ行こうか」

妻のそのことばからすぐ現実に引き戻されたが、まだ半信半疑の状態ではあった。

「ここがテレビでよく紹介されるS食堂、この通りは高木ブーさんの家があるブー通り。おれも何回か見かけたことあるよ」

そのように彼女を案内しながら、駅のほうまで歩いた。まだ肌寒い日で、途中見覚えのあるタイ料理屋に入った。タイ料理屋はわたしが知っている名前からは変わっており、以前は恰幅のよいタイ人のお母さんがやっていたと思うのだが、その時は若いタイ人男性の店員が二人いた。彼らは互いにはにかみながら「トムヤムラーメンいっちょう!」などと言い合っていたので、悪いと思いつつ少し笑ってしまった。

Hの微笑み

普通なら会計が終わればそのまま帰っていくところ、お客さんがその場にとどまっているというのは、何か伝えたいことがあるというサインだ。その人はまだ小学生にもならないお子さんを二人連れたお母さんで、仕事できたようにも見えなかったから、なんだろうと思い身構えたが、すこしの間のあと、「とても落ち着きました。よい時間をありがとうございました」とだけ話をされ、子どもを促しながら帰っていった。

三人を見送りながら、知り合いのHが、自分のための本を買うのは久しぶりだと話したときのことを思い出した。かつては地方のテレビ局に勤め、どちらかといえば映画の話が多かった彼女は、学生時代は本格的な社会学の本や外国文学も手に取っていたから、そうした話を聞くのは意外でもあった。

やっぱり本はいいねと、Hは自分の買った何冊かの本をいとおしそうに撫でた。最近は息子の絵本ばかりだから……。そういえばこのまえは一緒にいた息子さんがいないなと思いながら、絵本も色々あって面白いでしょと話を振ってみたところ、「まあね。でも本は自分のために買いたいから」と彼女は笑った。

ちょっとコーヒーも飲んでくわと、Hはカフェに入っていった。その日はほかにお客さんはおらず、しんとしたなか一時間ほどしてカフェから出てきた彼女の顔にはすこし生気が戻ったようで、それはわたしが知っているHの姿でもあった。

休みの日にはできるだけゆっくりと、自転車のペダルをこぐ。通常であれば五分で行ける距離のところを、わざわざS字にふらふらと進んだり、途中で自転車を停めて写真を撮ったりと、意識的にその倍くらいの時間をかけ前に進むようにしている。そうすると同じ道を通っても、そういえばそうだったと普段は見落としているものの存在に気がつくのだ。

自転車をゆっくりこぐなんて、ここでわざわざ書くほどのことではないかもしれない。しかしそのような目的をもたない小さな動きにも、自分の全体性を回復させるヒントが含まれているように思う。

本屋が自分を取り戻すために役に立つのであれば、その人には気のすむまでゆっくりと過ごしてほしい。解放されたHの微笑みには、見ているわたしも素直になる自然な力があった。

本屋 Title

閉店するとき
いろいろもっ
ました

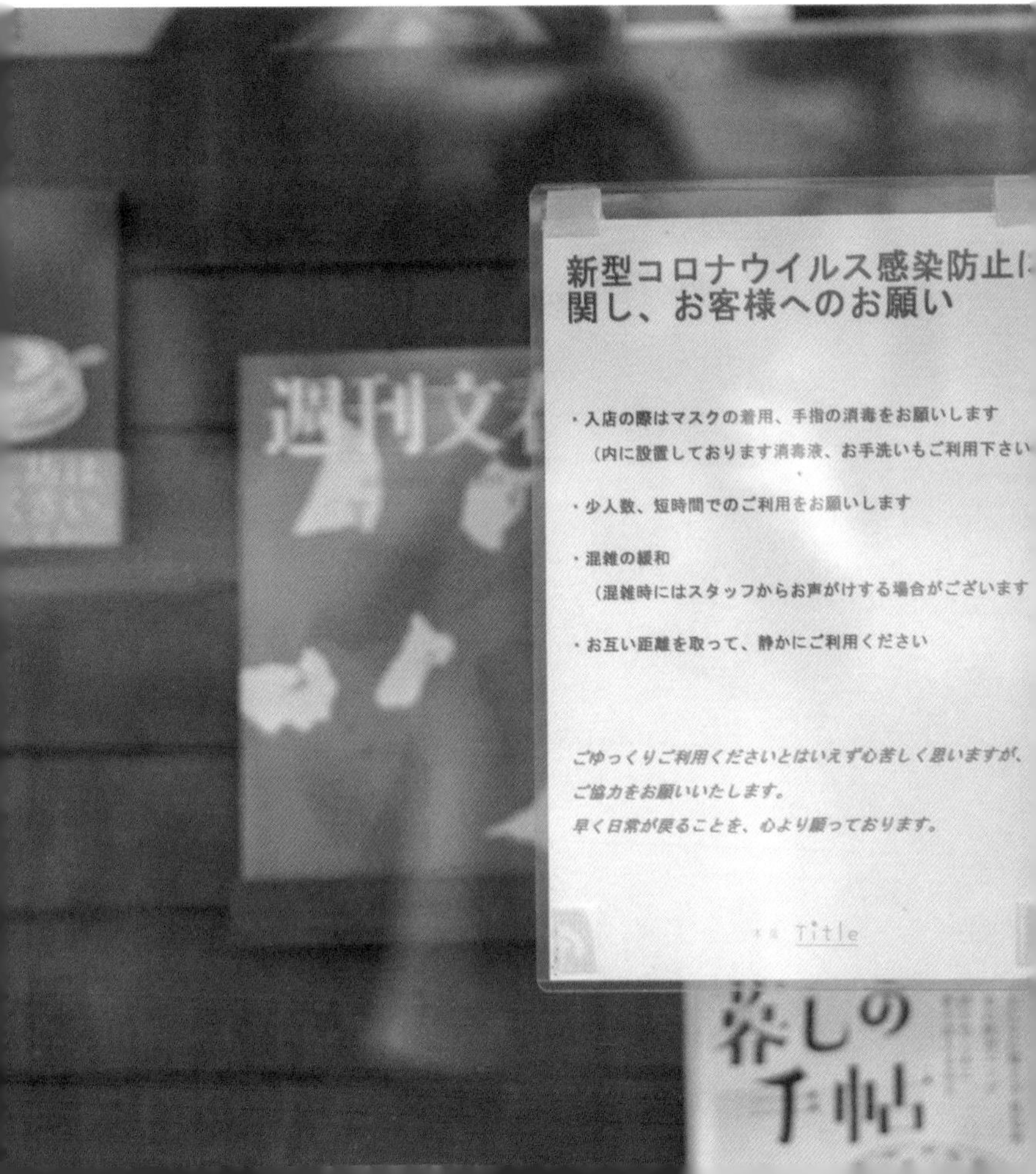
新型コロナウイルス感染防止
関し、お客様へのお願い
・入店の際はマスクの着用、手指の消毒をお願いします
（内に設置しております消毒液、お手洗いもご利用下さい
・少人数、短時間でのご利用をお願いします
・混雑の緩和
（混雑時にはスタッフからお声がけする場合がございます
・お互い距離を取って、静かにご利用ください
ごゆっくりご利用くださいとはいえず心苦しく思いますが、
ご協力をお願いいたします。
早く日常が戻ることを、心より願っております。
Title

とうえん

本屋 Title

人がいないと、

本の存在が、きわだって

くるような気がします。

閉店後の

この時間

Title

本屋 Title

コロナ禍の書店

二〇二〇年、三月

朝のうちに届いた荷物を本棚に並べ、シャッターを上げ店を開ける。道路に出てみるともう春の陽気で、今日もよく晴れている。今年は結局冬らしい冬の日が数えるほどしかなかった。

この少し緩んだ大気のなかに、いったいどれだけの量、ウイルスが混じっているのだろう。いや、それはそもそも花粉とは異なり、大気のなかには含まれないものなのだろうか？　いずれにしてもその〇から一〇〇のあいだにわたしたちはいて、そのどこにいるのか、誰にもはっきりとはわからない。

三月に開催予定だったイベントは、予定していたものも含め六つあったが、そのすべてを中止し、可能なものは日を改めて行うことにした。危険の程度がわからないなか、お客さんと出演者に集まってもらい、無理に予定を進めることがよいことだとは思わなかった。

郊外にあるからだろうか、いまのところ客足はそんなに大きく変わっていない。いや、それでは少し不充分で、人数としては変わっていないが遠くからわざわざきた人が減り、近所に住んでいたが、店にくるのははじめてだという人が増えている。みんなとまどいのなか、いつもと少しずつ行動パターンが違ってきているのだろう。

ある日の朝、ドラッグストアで使い捨てカイロを買うため会計待ちの列に並ぼうとすると、普段の倍以上人が並んでおり驚いた。あとからインターネットのニュースを見て、トイレットペーパーやティッシュペーパーが品薄になるという噂が流れていたことを知った。

帰りに同じドラッグストアのまえを通ると、いつもは歩道に面してトイレットペーパーが積み上げられている棚は、商品がすべて買い占められ、貼り紙を残すほかモノは何一つ残っていない。その光景を見ていると、憤慨するというよりはひどい無力感に襲われた。

自分はこうした行為に抗うため、本を売っているのではなかったか。

一人一人が考えて行動するためには、その人に戻るための本が必要である。いくらそのように恰好をつけて言ってみたところで、目のまえの光景を突きつけられると、自分のやっていることなんてなんの役にも立っていないのではないかと力が抜ける。空っぽの棚をまえにしてしばらく呆然とし、文字通りことばを失ってしまった。

パニックは、普段は隠されている社会の分断を露わにする。SNSには誰かのいらだった声、あきらめのつぶやき、冷笑することばが飛び交っていた。分断は分断、憎しみは憎しみを生む……。

多くのことばが飛び交うなか、黙ってそこに立ち、いつも通り店を開けておくことしかいまのわたしにはできない。日常を守りながらも、いま起こっていることに対して目をふさぐことはしない。

複雑は複雑なまま、この春を過ごしていく。

いま身にしみること

この一カ月のあいだ、店に来る人や仕事上でのメールのやり取りのなかで、互いを気づかうことばが増えた。店はいま大変ではないですか？　わたしも来週から在宅勤務になったので、まずは部屋を片付けないと……。

確かに三月は大変だった。人は減るかと思ったのだが、店が郊外に位置しているということもあり予想以上に来店客が多く、ウェブショップから本のまとめ買いも相次いだ。近所の図書館が休館したり、子どもに本を買う親が増えたりということもあったが、どうもそれだけではなさそうだ。

以前、仙台にある「book cafe 火星の庭」の前野久美子さんから、震災後には岩波文庫の哲学書がよく売れたと聞いたことがあったが、売れていく本を見ながらその時のことを思い出した。こんなときでないと読めないからと言いながら、七〇〇ページもある精神医学の本を買っていく女性もいたが、それは単に時間ができたからということだけではないと思う。

非常時に人はいま必要な情報を求める一方で、大声で脅かさず不安をあおりたてることもしない、心を鎮めることばを必要とする。彼女は騒がしい状況から身を護るため、おまもりのようにその本を傍に置きたかったのではないかと想像した。

三月二八日、二九日の週末には、東京都知事による外出自粛要請が出された。テレビでイタリアをはじめとするヨーロッパの状況を見ていると、彼の地での新型コロナウイルスの感染速度には恐怖を感じたし、日本で同じことが起こらないとは限らない。伝えられている以上に事態は切迫しているのだろうと思った。

その両日店を開けるかどうかは迷ったが、結局二日間は店を臨時休業にした。店を開けていることで心強く思う人がいる一方、それは遠くからわざわざ人を呼んでしまうことにもつながる（店を開けるということは、暗に「来てください」というメッセージを発することでもある）。店をやっているのに「来ないでください」とは何事かと思われるかもしれないが、そのときわたしは、店に来ようとする人には家のなかにいてほしかったのだ。

他の店はどうしているかなと思い、同業である個人が営む本屋のツイッターを覗いてみると、みなそれぞれ悩みながら決断しているようだった。

個人経営は自由だが、ときにその自由は重たいものでもあって、何事も決めるのは自分しかいない。たとえどのような決断をしたとしても、みながそれぞれ自分で考えそれに従って行動していることは心強く、わたしはひとりではないと思わせてくれたことはうれしかった。


店が休みのあいだは、遠方からも近くからも、思わぬ人がウェブショップで注文をくれた。そこに何かメッセージが書かれている訳ではなかったが、ものを買うとはそれ自体がメッセージでもある。それは人を気づかうことばと同じように小さな声かもしれないが、心が揺れて落ち着かないいま、そのぬくもりがとても身にしみる。

それもまた一日

現在（二〇二〇年四月一日）Titleは一九時までの短縮営業、土日は臨時休業にしている（四月九日からは当面臨時休業にした）。休みにしたとはいえ仕事すべてがなくなるわけではないので、結局毎日、自転車で店に行くことにはなる。

不要不急の外出は控えるようにとのお達しが出ているはずだが、家や店のまわりを見る限りでは、とてもそのような切迫した空気は感じられない。公園には変わらず人がいて、お昼時に行列ができるうどん屋さんには、その日も変わらず人の列ができていた。

これが庶民感情というものか。

その図太さにちょっと笑ってしまったが、店は休みにしてよかったと思った。

店にいるあいだは、用事がある人のためシャッターは半分開けているが、そうすると中を覗きこむ人がいる。

今日は休みですか、図書券を買いにきたんだけど……（もう「図書カード」になってます。おばあちゃん）。今日休みなのを知らなくて……。『○○』を買いにきたんだけどあるかな。

そのほか本を納品に来た友人、ヤマトのおじさん、何名かの人が扉をノックしては入ってきた。そのつもりではなかったけど、その日も手元には少しだけ売り上げが残った。


ウェブに届いていた注文を作り、いくつかのメールに返事をして、帰る前にその日来ていた本を棚に並べた。無心に手を動かすうちに、自分の身体のなかに何かが収まってくる感覚がある。毎日やっていることなのだけどその日はそれがなつかしく、すべて終わったころには充実感に満たされた。ここがわたしの店で仕事場なんだ。

外に出るとちょうど日が暮れかかっていた。このようなことがなければよい夕暮れ。日があるうちに帰ると、なんだか悪いことをしているような気になってしまう。

公園にいたたくさんの人は、もう誰もいなくなっていた。今年の桜はいつのまにか咲き、人知れず散ってしまった。一生に出合ううちにはそういうことだってあるのだろう。

店を続ける力

今朝も明け方近くに一度目が覚めた。ここ二週間ほど熟睡した日は数えるほどしかない。それは生活の変化を、体のほうが先に感じとっているということだろう。店頭での営業は休止しているので店で作業する時間は減っているのだが、家に持ち帰って行う仕事はかえって増えてしまい、メリハリのない時間を延々と過ごしているような気がする。

常連のTさん（おじいさん）がやってきて、いつものように文庫本を買って帰った。

「今日は営業してるんだよね？」

こちらが何も言わずいつも通り接客したから、かえって不安に思われたのかもしれない。

「店は休業してますけど、本を買いたい人には買ってもらってるんです」

だって左のシャッターは下りてるし、貼り紙だってしてますよねとはもちろん言わなかったけど、いつもと違うということだけは、どういう訳だか伝えたかった。「あぁ……」。割り切れない表情のまま、Tさんは出ていってしまった。すこし後ろめたい気持ちにさせてしまったかもしれない。

しばらくは来ないかもしれないな。

こうしたささいなすれ違いが心をじわじわと侵食する。日ごろから人はそれぞれ違うことを考え、違う立場で行動しているが、それはお互い見ぬふりをして過ごしているのだろう。いざその違いをはっきり目のまえに見せられると、それはなかなかつらいことでもある。

いまいろんな場所で、こうしたささいな違いが人と人とを分けている。

もちろん書店主は、人を裁く立場にはない。

それは誰だってそうだ。

ありがたいことに、ウェブから注文がかなりの数届いているので、昼間はカフェのスペースを使って妻が伝票に宛名を書き、プチプチを切っている。こうして二人で同じ作業をするのは考えてみたら久しぶりで、この前このような時間を過ごしたのは店を開店する直前、四年以上前のことだ。

しかし誰に対して店を開こうとしているのかわからなかったその頃とは異なり、いまはTitleという店にこうしてわざわざ本の注文をしてくれる人がいる。よく知っている人、名前も顔も覚えているけどくわしくは何も知らない人、直接は知らないたくさんの誰か……。

非常時には違いもはっきりするけど、すでにそこにあったたくさんのつながりもはっきりとして見える。「コミュニティ」なんていわなくても、こうした見えざる手により店は支えられているのだ。

店を続ける力って、結局のところそれよりほかに何もない。

誰かといること

大学生のころ同じサークルの仲間数人で、山梨県の金峰山《きんぷさん》に登った。

金峰山は山を登る人からすれば難易度は中級クラス。朝テン場を出発し時おり雑談しながら何時間か樹林帯を歩くと、道は突然見晴らしのよい尾根に出る。そこから少し歩いた山頂ではフリーズドライの簡単な昼食を食べ、五丈岩と呼ばれた大岩で陽にあたりながら昼寝をして、その後下山した。ありふれたといえばありふれた山行だったが、帰り道のことはよく覚えている。

山道が終わり車道に出たあと駐車場まで下ったが、風景に変化がある山道に比べると車道は退屈で、山を登ったあとでは足に疲れがくる。だるいなーとか言いながら横一列に並んで下っていると、一学年下のAが突然走りはじめた。

えっと思ったがみんな足早になって彼女を追いかけると、そのうちほかの誰かも走りはじめ、そこからはなぜか競走のようになった。

「ちょっと、足痛いって!」

なぜ走っているのかもわからないまま、笑いながら数十メートル車道を駆け下り、ぜいぜい息を吐きながらみんな途中で座り込んでしまった。

「なんやねん、もう」

みな笑うだけで何も言わなかったが、そのときAは真上に伸びている木を眺めていたので、わたしもつられてその方向を見たのだと思う。

それは花の季節が終わり木の芽や若い葉っぱが目に眩しいころだった。いまならそれが新緑というものだと理解しているが、当時はそんなこともまだ知らなくて、その葉っぱを通してこぼれ落ちる光に、ただ見とれているだけだった。

「ああ……。きれいですね」

Aは言った。ほかの人もぼんやりとその木洩れ日を見つめていた。何か言うべきことがありそうな気もしたが、Aが「きれい」といったから、この場はそれで充分なんじゃないかと思った。

ずっとそこに座りこんでいるわけにもいかなかったから、しばらくすると誰からともなく立ちあがり、また歩きはじめた。誰も話すことはなかったが、誰かといることをさっきよりもはっきりと感じながら、みな歩いていた。

いま幸せな瞬間として思い出すのはこのときのことだ。思えば誰かといることをあれほど自然に受け入れたのは、そのときのほかにはあまりなかったかもしれない。それはわたしのなかではたまに思い出す記憶だが、あまりにも些細なことなので、それを覚えているのはわたし一人だけかもしれない。Ａとは大学を卒業してからは会ってはいないが、変わっていなければいま福島にいる。

どうしてあのような気持ちになったのかもう覚えてはいないが、みんなでいたから幸せだったのではなく、一人で満ち足りていながら、そこにほかの誰かもいたことがよかったのだと思う。わたしはひとりを愛するものだが、誰かと関わっていなければ、そのひとりさえも充分に愛せなくなってしまうだろう。

人と関わることが少なくなったいま、その誰かがいないことを、痛切に感じている。

再開のとき

休業中はカフェを配送の作業所にしていたので、床には段ボールや紙の切れ端が散乱し、テーブルには宅配便の伝票が積み上げられていた。しかし今後は人の目に触れるため、隅々まで掃き掃除をして、最後に床を水拭きした。

人はどのような状況にも慣れるものである。この間注文をいただいた人には申し訳ないが、片付いた店内を見まわしてみると、よくこんな雑然としたなかで作業をしていたなと我ながら感心した。紙の切れ端はごみ箱に捨てられ、もうすぐ誰の目にも触れられなくなるが、こうしたひと月のことも、店が開いてしまえばなかったかのように忘れられてしまうのだろうか。

休みのあいだ、希望する人には店内で本を見てもらっていたが、ある日のこと、しばらく店内にいた男性からこのように話しかけられた。

「本棚を眺めているだけで、なんだか落ち着いた気持ちになってきますね」

そうだね。わたしはずっとそこにいるからそれがあたりまえのように思っていたけど、そもそも本が静かに並んでいる光景自体に人を鎮める力がある。

モモがたどり着いた時間の国のように、本屋には日常から切り離された循環する時間が流れているが、いまはその時間が特に身に沁みるのだろう。

そう話した男性の顔はとても素直なものだった。やはりこうした本のある空間は、広く開かれるべきなのだ。


店を再び開くことに関しては、うれしさよりも怖さのほうが強かった。まだ早いのではないかという心配はぬぐいきれるものではなく、店をいま開くことに人の理解が得られるのかどうかもわからなかった。

街に店を開くという行為がこれほどまでに責任があることだとは想像もしなかったが、考えてみればその責任は普段意識してないだけで、毎日そこにあるのだろう。まったくこの騒ぎで、普段は見えてないものが次々と見えてくるようになる。よいこともそうでないことも、分け隔てなく……。

店を開けると休業前と同じように人がきて、休業前と同じような本が売れていった。人で溢れてしまうのではないかと心配していたが、それは買いかぶりというもので、店の実力以上の人は来ないものだとよくわかった。雑誌や文庫本などウェブショップには出しておらず、このひと月ほとんど売れていなかったものが売れていくのを見るのはうれしいことだった。

「しばらくまだ時間がかかりそうですね」

このところ誰かれともなくつかまえてはそう話したり、メールの最後に書き添えたりしているが、それは失われた熱量について話しているつもりだ。

これまでTitleに来店した人は心置きなく本棚やギャラリーに飾られた作品を眺め、カフェでゆっくりと時間を過ごしていた。客との会話がはずむこともあるし、月に何回か行っていたトークイベントではその場が深まっていくことも実感できた。

本屋の熱量とはそのように、静かなまま一滴ずつ水が滴り落ちるように満ちていくものである。それが失われてしまったいま、また少しずつその熱量を貯めていかないといけないのだが、それはやはりマスクを着けたビニールカーテン越しの会話ではうまくいかない。
たとえそれがいまは必要なことだと、わかってはいても。

歩きながら考える

一八時を過ぎても外はまだ明るい。店は夕方から混みはじめ本も順調に売れている。しかしその日はそれを素直によろこぶことはできなかった。

緊急事態宣言解除。

そのことば自体どこか芝居じみて聞こえるが、それを受けてすべてはまた動きだすのだろう。まずは経済が、多くの店が、学校が……。街には人の姿が戻り、たくさんのよろこびの声がニュースでは報じられるに違いない。

もちろんこの状況が早く収まればいいと思っていたし、気軽に旅行にだって行きたい。苦境にある人や店にとって、日常の回復は一刻を争うことだ。

でももう少しだけそこに立ち止まってほしい。まだその問いについて考えている人がいるかもしれない。

マスクの在庫や新規感染者の数、新しい生活様式など目のまえのことを追いかけているうちに、この間実は考えなければならなかった問いにするりと逃げ出されてしまった気にもなった。両手の手のひらに昨日までのことがもう何も残ってないとすれば、あれだけ大騒ぎしたこの春は一体なんだったというのか。

結局わたしたちは一つのことに対して深く感じるための機会を、また自らの手で逃してしまったのではないだろうか。

わたし自身はこの二カ月、ほとんど家にいることはできなかった。この期間もう少し本が読めるのではないかとひそかに思っていたのだがそうはならず、同じ町内のなかで毎日店と家とを往復した（それではいつもと同じだ）。

しかし予定していたイベントがなくなりギャラリーでの展示やカフェを休止してみると、本を人に渡すというこの仕事の本質がはっきりとして見えるようになった。

人が生きるためにパンは必要だが、それだけでは人間の「生活」とはいえない。そこには心をなぐさめるものがなければならず、食卓の珈琲の匂いやふと目を留めた絵画や花など、なくてもよいがそれなしではいられないものが、人を人たらしめている。

この期間たくさんの求めがあった。メールに自分の欲しい本を送ってくれとリストにして書きつける人もいたし、値段だけ伝えてあとはおまかせという人もいた。五〇センチほど開けていたシャッターから這うようにしてもぐりこみ、店内に入ってきた人には驚いた（それは運送会社へのサインだったのだが）。

求められた本はどれも不要不急といわれればそうかもしれないが、それでもやはりその人にとっては切実で、生きるために必要とされている手ごたえがあった。一人一人の求めに応じそれを渡していくのが本屋の仕事なのだろうと、あらためて思った。

社会はまた走り出そうとしている。そのことにわたしは違和感がある。いまはすこし仕事をスローにしても、もっと深く本のことを知りたい。何をのんきにやってるんだといわれようとも、自分の速さで歩きながら考える。

そうした根っこがないと、それはわたしの仕事であるとはいえない。

伝えきれなかったこと

開店してから時も経ち、店では大学生や勤めてまもない若い人の姿をよく見かけるようになった。しかし要領よく、うまくやっているように見える人は少なく、たとえ彼らが店にやってきたとしても、それが二度続くことはない。

むしろわたしが気になるのは、いつのまにかそこにいて、棚に並ぶ書名をじっと眺めている、ひとりできた若い人の姿だ。そしてそうした人には未来がある。たとえそれがうまくいくとは限らなくても、彼らはこれからも借りものではない、自分だけの人生を生きていくように見えるからだ。

しかし実際に彼らと話してみると、その胸のうちは不安でいっぱいのようである。

「こんな無為に毎日を過ごしていてよいのでしょうか。同じゼミでももっと本に詳しい人がいるし……」

いや、まったくその通りなんだよ。よのなかにはすごい人（またはそのように見える人）がたくさんいるし、それに比べるとわたしの知っていることややっていることなんて中途半端なものでしかない。難しい本はわからないし、あのときこうすればよかったと、二〇年経ったいまでもうじうじ考えることもたまにある。

いや、そういう話ではなかったな……。

わたしの場合、若いころの無駄に思えた時間が、いまになってから活きた。いまこの店があるのは、毎日やることもなく新刊書店や古本屋をぶらつき、一回の入場料で三本の映画を見ることができた名画座で、ひたすら時間をつぶしてきたからだ。人間、時間をかけたことしか身につかない。もちろんそれが人生の役に立つかどうかは生きてみないとわからない。わたしはたまたま運がよかっただけだが、そうした場合だってあることはおぼえていてほしい。

つまりわたしがあなたに言いたかったのは、声が大きな人をそんなに気にする必要はないということだ。わからないことばを使うことはないし、自分に向かない場所に無理して行く必要はない。ちょっとくらいぼんやりとしているほうが、しぶとい感じで長持ちする。

レジでは伝えられなかったことが多かったから、いまこうして書きました。

ドラえもんの辞書

Titleでは年の初めに、前もってその年の休みを決めてしまう。いま手帳のカレンダーを見ると、七月二一日から二週間のあいだは、ずっと「休み」のマークがつけられており、そしてそれらはすべて、上からバッテンで消されている。

本当ならこの時期から東京でオリンピックがはじまることになっていた。感動を強要される空気のなかにいるのは嫌だと考えていたので、自らのリフレッシュも兼ね、この期間は東京を離れてどこか遠くにいこうと決めていた。しかしこのコロナ禍でオリンピックは延期。二週間の休みはなくなり、結果的に今年の夏はずっと東京にいることになってしまった。

あれ、おかしいな。どこかの駅で、間違った電車に乗ってしまったのだろうかと思わなくもないが、自分が見ることのできる風景は、いつもいま・ここでしかない。降りる予定だった駅はどんどん遠ざかり小さくなってしまったが、いまとなってはもう降りたいとも思わなくなった。

店に知り合いがくるたびに、感染者数が収まらないねという話になる。たしかに収まってはいないのだが、それをどう捉えるべきなのか。四月五月のころよりも気持ちがあいまいになっており、そんな自分にも何か芯がないような、釈然としないものを感じている。

四月に臨時休業を決めたとき、きっかけになったのは店にくるお客さんの顔だった。動作の一つ一つに緊張感があり、非常時の切迫したことばが、語らずとも自然にその身体から発せられていた。

いま、店に来る人の顔を見ても、そこから何かを読み取ることはできない。そのかわり伝わってくるのは、コロナ禍や全国で起こった水害、変わらない政治など、一時にあまりにも多くのことが起こってしまったゆえの困惑、そして無力感だ。

そう感じるのは、自分もそれに取り込まれようとしている表れなのだろう。前に進みたくてもどこに向かえばよいのかわからなければ、何も考えず自分の世界に安住したほうが楽だ。

漫画版『風の谷のナウシカ』では、そうした箱庭的平和が、ラスト近くで登場する。しかしナウシカはそこにとどまることはせず、また旅立っていくのだが……。


日曜日。車椅子に乗った子どもを連れたお母さんがやってきた。聞けば小学生用の国語の辞書を探しているのだという。

「すみません。いま店には大人用のものしかないんですよ。お子さんにはちょっと難しいかもしれません」

「○○くんは、その辞書使ってたよ」

「えーっ、ほんとうに？　ちょっと見せてください。でもこれでは難しいわねえ……。本当にこれがいいの？」

「ぼく、ドラえもんの辞書がいい」

お母さんはちょっと笑ってすこし考えていたが、授業ですぐ使うのでほかの店も探してみるとのことだった。しかしもう一つの目的であった、子ども向け雑誌はあったようだ。

「よかったわねぇ、じゃあ行こうか」

車椅子を押してそのまま駅まで行ってもらうこととなり、その親子には本当に申し訳ない気になった。でも二人は楽しそうに会話を続け、友だちのように店を出ていった。二人の背中には、確かな、生きているという感じがあった。

まだまだやらなければならないことがたくさんある。たとえ思考を手放した小さな世界が居心地よくても、そこから外に向け、足を踏み出さなければだめだ。

それは「たまたま」でしかない

まだはじまったばかりのドラマ『半沢直樹』を観てしまった。「観てしまった」というのは、顔芸や様式としての面白さはあるけれど、銀行は人事がすべてだといい切るドラマのアナクロな世界観に違和感を覚えてしまうからなのだが、個人的にはそのセリフになつかしさも感じていた。

というのも夫婦二人で行っているいまの仕事には、人事そのものがない。そのドラマを観るまで、会社勤めの人には何気ない顔をよそおってはいても、心中穏やかでない季節があることをすっかり忘れていた。

まだ会社勤めをしていたころ、歳が三つほど上の、将来を有望視されていた先輩がいた。本の知識も豊富で、仕事に対しても熱心に取り組む人だったから、ゆくゆくは偉くなっていくのだろうと周りの誰もが思っていたが、ある日人づてにその人が会社を辞めたと聞かされた。

えっ、Sさんがなんでとその時には思ったが、会社というのは不思議なところで、それ以降も優秀で本や仕事に対する思いが深い人から順に、会社を離れていくような気がしてならなかった。

Sさんとはその後池袋で一度だけ会う機会があったが、その時彼は、いまは医療機器メーカーで働いていると話してくれた。

「そっかー。辻山さんはまだ現役なんですね」

彼はそう言って、笑いながらビールを注いだ。一般的に本を売る仕事はそんなに給料がよいという訳ではないから、仕事に対する愛着はあっても、何かの理由でそこから離れざるをえない人も多いのかもしれない。いまは別々の場所で働いている昔の知り合いの話を聞くと、心ならずもといった気持ちが会話の端々からにじみ出ているようで、それを聞いたときなど、こちらからはなにも言えなくなってしまう。

なぜあの人たちではなく、わたしだったのか。

それは別にわたしでなくてもよかったのかもしれないが、いまこうして自分の本屋を持ち、本を売る仕事を続けている。会社を辞め独立したとはいえ、自分がいまだに本を売り続けていることを考えると、それはただ偶然が積み重なった、幸運ということでしかない。

Titleという店がわたし一人だけのものでない気がするのは、誰かから託された、遂げることができなかった思いを、心のどこかで感じているからなのかもしれない。

取り残された〈体〉

はずんだ声が、急な階段を伝って降りてくる。

「お元気ですか。どうしてましたか?」

それは普段から交わされている会話なのかもしれないが、その時はより感慨を含んだ響きのように聞こえた。

「よくぞご無事で……」


七月から、二階でのギャラリー展示を再開した。店の休業に伴い開催が延びていた中山信一さんの企画からはじまり、八月には同じく延期となっていた石山さやかさんの展示を行った。感染者の数が収まらず難しい時期だったと思うが、期間中は二人とも感染防止に配慮しつつも、できるだけ会場にきて在廊してくださった。

「多くの人と話すことができてほっとしました」

ある日の閉店後、中山さんはそのように言って笑った。人と話すという体験自体が新鮮に思えたこの時期、実際に作家と話して観た作品は、来場した人にとっても特別な体験となって染みついたことだろう。


触れることのできる距離で誰かと会いことばを交わすことは、人間が抱える根本的な欲求なのだと思う。わたしはこの何か月かのあいだ幾つかの取材をオンラインで受けたが、これはほんとうに伝わっているのだろうかと思うことがしばしばあった。話している声の微妙な震えや一瞬顔に浮かんだよろこびの表情。わたしたちはそうした全身を使った交感を、普段から意識せずとも行っている。

しかし画面越しの会話では、話の意味は伝えられたとしても、体のどこかに思わず現れてしまった感情は、相手に届くことなくそこに取り残されたままだ。その無意識にこぼれてしまった感情こそが、これまで会話に命を吹き込んでいたというのに……。

一度Zoomを使って取材をしてくれた人が、後日改めて店に来たことがあった。長居をしてはZoomの取材にした意味がなくなると、その時は簡単に挨拶だけして帰っていったが、あの人は〈体〉を求めにやってきたのかもしれないなと、あとから気がついた。

コロナ禍により人と会うことが制限され、感染をもたらすかもしれない他人の体は疎ましいものとなってしまったいま、わたしたちは相反する感情に引き裂かれている。会いたいけど、会いたくはない。

実家への帰省や友だちとの会食、イベントへの参加など、これまで深く考えずに行っていたことは、その意味が一つずつはかりにかけられ決断を迫られる。

しかしどれだけ情報技術が進んでも、わたしたちは相変わらずこの体にしばられている。誰かに面と向かって会いたくなるのは、体がそれを切実に求めているからだろう。

人間を人間たらしめている〈体〉は、はたして抑えられたままいることができるのだろうか。それはわからないが、わたしたちはその裂け目の上を歩いていくしかないのだ。

来る日も来る日も　また次の日も

「店を開く」「店を続ける」といった言葉があるように、一般に「店」とは人間の意志による産物のように思われている。しかし長く続いている店を見ると、乗る人の背中を変え、自らのかたちも変えながら、それ自体があたかも一つの生命体のごとく生きながらえているようにも見える。

最近出版された『京都・六曜社《ろくようしゃ》三代記　喫茶の一族』は、京都の河原町三条にある喫茶店「六曜社」を経営する、奥野家三代にわたる物語。旧満州から引き揚げてきた創業者の實が店を開き、シンガーソングライターとしても有名な實の三男・修がそこに独自性を持ち込む。そして現在では修の息子である薫平が、この時代に求められるサービスを模索しながら店を続けている。

時代の環境がそれぞれの個性とも重なるすこぶる面白い本だったのだが、「家業」

とはこうしたことをいうのだなと、読みながら少しうらやましくも思った。

わたしの父も、神戸で祖父が興した真珠の卸売会社を継いだ二代目だった。戦前・戦中は羽振りもよかったようだが（元町の料亭で多くのインド人と騒いでいる写真が実家に残っている）、戦後になると商売は先細りしはじめ、わたしが物心つくころには「いかに会社を終えるのか」ということが、直接は話さなくとも家族みんなの頭にあった。

父は家では酒ばかり飲んでいたから、働いている姿を想像するのは難しかった。この人は毎朝決まった時間に家を出て夕飯前には帰ってくるが、そのあいだは一体どこで何をやっているのだろうと思っていたところ、一度だけ深夜、売り物の真珠に糸を通している姿を見かけた。溝が何本もついた専用の台に真珠の珠を並べ、黙って横から糸を通している。

「明日持っていく商品やからな」

そのとき父はそう言ったと思う。

地味で息が詰まりそうな作業だが、親が仕事をしている姿には、どこか子どもを黙らせる力がある。父親が別人に見えたのは後にも先にもその時だけだったが、いま思えば父の働く姿をもっと見たかった。


家の近くに友人の両親がやっている居酒屋がある。ある日店に行くと、奥のテーブルには子どものおもちゃがぎっしりと積み上げられていた。

「あっちゃんたちがいたのですか？」

友人には二人の子どもがおり、彼女が仕事を切り上げられないときは、子どもたちが店の奥で遊びながら、彼女の帰りを待っているのだ。店の二階は老夫婦が住む自宅になっているから、いまはそこにいるのだろう。

「そうなのよ、ごめんなさいね。いま片づけますから」

その居酒屋は夫婦二人で、もう五〇年以上も続けているという。店が忙しいときには友人も手伝うことがあると聞いたが、彼女も継ぐことは特に考えていないようだ。しかし店は生活のすぐ隣にあって、そのことに客もどこか安心しているように見える。


六曜社のように有名な店も、街の居酒屋も、自営の店は家族のかたちを映していて面白い。商売のほとんどは決まった作業をくり返す単調な時間だが、それを経て磨き上げられる、それぞれの鈍い光がある。

荒波を進む船

先週までずっと冷房をつけていたかと思ったら、ここ数日はぐっと冷え込み、温かい飲みものが身にしみる季節になった。人がマスクやフェイスシールドをつけるようになっても、周りの自然はいつものように変化を続け、そのたゆみのなさが今年はとりわけありがたく感じる。

二年前の秋、仕事で八戸を訪れた。大型の台風が日本を縦断していた時で、東京に帰る日の明け方近くがちょうど台風の青森県を通過する時間にあたった。こま切れの浅い眠りのなか、古いホテルはぐらぐらと揺れ、窓の外からは地鳴りのような音が、この世の終わりのようにずっと鳴り響いている。

翌朝スマートフォンを見ると、何件かの着信履歴と一件の留守番電話が入っていた。その見覚えのない番号は店の近所に住む大家さんからだった。

「道を歩いていた人から警察に、〈本屋さんのシャッターが風にあおられぶらぶらして危険だから何とかしたほうがいい〉と通報がありました。ちょうどこの辺りを見回っていたら、警察官が土のうとロープでシャッターを固定しているところに出くわし、その話を聞きました。とりあえずは大丈夫だと思うから明日警察に電話して、土のうとロープを返してください」

着信は深夜一時だったから、同じ台風が青森にくる四時間前くらいのことだろう。その時は大家さんに電話をしてよくよくお礼を言ったあと、妻に店を見に行ってもらった。

台風一過の午後、店に戻ると中村さんがいた。説明するのは難しいが、中村さんは個人で工事を請け負い、自らも職人として作業をする一方、電気や水道、左官、内装など専門の業者を必要に応じて手配もする。TitleはこのTitle中村敦夫さんに工事を任せ、その後も何かメンテナンスの必要があれば、すぐに電話をして来てもらっている。

「ダメだね、これは。シャッターが風でゆがんじゃって、上まで巻き上げられないのよ。ちょっと色は変わるけど、知り合いのシャッター屋に同じ型の板があったから、しばらくはそれでがまんしてよ」

中村さんはこころなしか声がはずんでいる。トラブルとあらば燃えるタイプなのだ。

中村さんにカフェでコーヒーを飲んでもらっているあいだ、警察に電話をした。するとすぐに若者とベテランらしき男性二人組の警察官がやってきて、あっという間に土のうとロープを片付けた。若いほうの警官に話を聞くと、「今日はずっとこんな仕事です」と大きなよく通る声で答え、彼らはそのまま帰ってしまった。


雨の降る日、風が吹く日、店はそこに立っている。ぼつぼつと天井を激しく叩く雨音を聞いていると、この古い建物自体が荒波を進む船のようにも思えてくる。

激しい夕立が降った夏の日の夕暮れどき、そこに居合わせた女性が不安そうな顔をしていた。

大丈夫ですよ。古くて沈みそうに見えるけど、そう簡単には沈みませんから。

そんな思いが伝わったのかはわからないけど、彼女は引き返してカフェの席に座った。そこで時間が過ぎるのを待つのだろう。

その人に棲《す》む少年

月曜日の閉店直前、いつものように大きくてとろんとした目をして、Kさんがやって来た。彼は預かっていた本の精算もよそに、そこにいるあいだずっと腰痛の話を続けている。

「いや、振り返っただけなんですよ。こんな姿勢で動いたら意識と体がずれちゃって……」

目のまえの小さな階段を使い、まじめな顔で延々と再現するものだから、可笑しくて仕方がなかったが、昨日、今度はわたしが腰痛になった。Kさんの話を面白がってまじめに聞いてなかったから、きっとバチがあたったのだろう。

話をまじめに聞いてなかったのには理由もあった。彼が来た一時間ほど前まで、店には料理家の高山なおみさんと画家の中野真典さんがいた。高山さんが夢で見た話に中野さんが絵を描いた絵本、『それから　それから』の原画展がはじまったばかりの時で、搬入の日から四日間、二人は営業中ほとんど店のなかにいたから、二人が帰ったあとはその反動でどっと気がぬけてしまったのだ。

四日間、高山さんは奥のカフェで、中野さんは二階のギャラリーで、お客さんを待っていた。高山さんが仕事をしているその横で、妻がいつものように店の常連さんと話をつづけ、それぞれの時間が平行に流れていく。時おり誰かが会場を訪ねてきては、その度ごとに高山さんと中野さんが接客をしていた。

たとえ何も話さなくても、そこにいる人みんなが互いの存在を感じながら何かをしている。誰かとともに暮らすって、こういうことをいうのだろうな。


三日目の朝、少し迷ったように中野さんが昆虫の図鑑を買った。中野さんの絵にはバッタやチョウもよく出てくるから、きっと虫が好きなんだろうと思っていたところ、聞けば甥っ子へのプレゼントだという。

「彼は、あまり学校は好きじゃないみたいで休みがちなんですが、虫は好きでずっと虫ばかり追いかけています。自分でカナヘビも育てており、この前卵を産みました」

そうか。中野さんにはどこまでいっても触れることのできない、摑みかねるところがあると思っていたのだが、甥っ子さんとの関係を聞くと何か腑に落ちるものがあった。

わからないと思っていたのは、わたしが少年である気持ちを忘れていたからで、中野さん自体が少年のような人だった。そういえば中野さんの描く絵には、虫にも花にもすべて、少年のひたむきなまなざしがある。展示の初日、「僕、辻山さんを驚かせようと思ってるんです」と帽子を脱ぐと、肩まであった髪が見事な坊主頭になっていた。

中野さんの暮らす街は神戸から山の方に向かい、トンネルを抜け田畑が広がる地域にある。緑が豊かな場所だから虫もよく捕れるだろう。人の言うことは気にせず、子どもは好きなことを伸び伸びとやればよいのだ。

帰り際高山さんが、会場でわたしが求めた子どもの描かれた絵について、「あの子の目は辻山さんに似てるね」といってくださった。気になってあとから見直してみたのだが、ずっと見ているとその子どもは誰の姿にも見えてくる。人の心に棲んでいる純な少年を、中野さんは無意識のうちにすくい取ったのだろう。

その後中野さんからきたメールには、夢中になってチョウと遊ぶ、男の子の写真が添えられていた。

分けることば、癒やすことば

アメリカの大統領選挙では、ジョー・バイデン氏の当選が確実になった。この選挙戦にはよほどみな注目していたのか、店にきた友人とこの話題をすることも多く、お客さん同士の会話でも何回か耳にした。

自国のことではないからだろうか。日本で行われる選挙のときよりも、政治の話が気軽に語られていたように思う。そういえば店にくるKさんは、若いころイタリアに赴任していたことがあり、本人がいうところの「老人会」の帰り、時たま誰かと連れ立ってカフェで政治談議をする。

店でおじいさん同士が話をしている光景は珍しいので（おばあさん同士というのはたまに見かける）、Kさんが誰かを連れてきたときにはよいものを見たと、少しその場の風通しがよくなったように感じていた。しかしある日のこと、上機嫌だった奥の話し声が少し怒気を孕《はら》んだものになってきたと思ったら、Kさんだけ先にカフェから出てきた。

「帰ります、お金は彼が払う」

Kさんはそういって店から出ていき、上気した体からはワインの匂いがぷんとした。その場に残された連れのおじいさんは、先ほどまで威勢よく大きな体をふるわせながら話していたのだが、一人になると急にしょんぼりとして見えた。彼はしばらくカウンターにいてワインをちびちび飲んだあと、店内の本棚を少しだけ見た。

会計のとき、うるさくしてごめんと言いながら、「これも買う」とはずかしそうに文庫本を一冊手渡してきた。その時わたしは、なぜか笑っていたように思う。


投票日の数日後、カマラ・ハリス氏が行ったスピーチには心を動かされた。ステージ上の彼女は知性的で、そのスピーチは強い意志と感情の込められた、傷ついた人を癒やすことばだった。

最近のツイッターを見ていると、政治的なニュースが起きたときには、すぐに違う意見の人から揶揄や暴言が入ったりもする。しかしわたしが見た限りにおいて、彼女のスピーチに真正面から異論を唱える意見はなかった。それは彼女のことばに陰湿さがなく、勇気や公平といった凡《およ》そ人間が持ちうる最良の美質が表れていたため、後ろ暗い感情が付け入る隙もなかったのだろう。

同じツイッターでの話だが、最近わたしが書いた本の紹介に、ライターの和田静香さんが「この本、誠実な言葉には心が本当に慰められることを教えてもらえるんです」と重ねてくださった。

それだ。

人は分断され、心ないことばを投げつけ合うあいだ、互いを低く見積もり、損ね合っている。そんなとき心に沁みるのは、人を人として扱ってくれる、真正面から放たれたことばだろう。

ＳＮＳの窓から見るよりも世界はずっと広い。店で扱う本は一見地味に見えたとしても、時間をかけ誠実に紡がれたことばから選びたいと思っている。

自分に合った服

世のなかはこんなにも服であふれ返っているというのに、自分にしっくりとくる服はどうしてどこにもないのだろう。わたしは以前からそのように思っていた。それは「悩み」と呼ぶには形がはっきりしておらず、したがってその思いは深く考えられないままいまにいたっているのだが、最近、行司千絵さんの書いた『服のはなし 着たり、縫ったり、考えたり』という本を読み、自分が知らない間に、いかにこのことに関して心削られていたのか思い知らされた。

仕事に行き詰まり、落ち込んでいた当時の行司さんは、服を自分でつくろうと思い立った。手芸店に限らず、様々な場所で目についた「かわいいな」と思う生地を買いもとめ、自分がほしいと思う服に近づけていく……。

本には、行司さんが自分やお母さんのためにつくった服の写真も数多く掲載されている。いずれも自由な風が吹いている、着ると身が軽くなりそうな服で、見ているだけで顔がほころんでしまった。

会社に勤めていたころはスーツを着ていたが、結局スーツとは仲良くなれぬまま終わった気がする。何を着ても「これじゃない」という感じがどこかに残り、スーツを着た自分もそんなに好きではなかったから、上着を脱いでずっと紫や薄いグレーのカーディガンを着ていた（部下からは「カーディガン店長」と呼ばれていた）。

当時は服を買うのも苦手だった。店頭でさんざんまよった挙句、あとから考えればそんなに好みでもなかった服を買って帰ったときの、あの情けなく後悔する気持ちといったらない。

ここ数年はもうバーゲンにいくこともなくなり、神戸の実家近くにBshopの本店があるので、服は帰省した際、ここでまとめて買うようにしている（この店では他の支店で見かけないような面白い服が多く、それが自然と目に飛び込んでくる）。

今年はほとんど服を買う気も起きなかったが、晩秋ようやく実家に帰ることができたので、この店に立ち寄り、タガが外れたように大量の服を買って、東京の家まで送ってもらった。ずっと家と店にしかいない生活で、何か自分の中で抑えていたものがあったのかもしれない。

服も料理も身近な人の手でつくられたものには、何か魔法がかかっているのだろう。昔は祖母が編んでくれたセーターよりも、買ってきた既製服のほうが洗練されて見えたが、最近店頭でいいなと思う人の服は、大抵どこかにその人オリジナルの工夫がほどこされている。そしてそうした服を着た人は、その人自身に見えて、まったく無理を感じさせない。

店頭ではたまに「わたしに本を選んでください」という求めもあるが、そうした問い合わせも自分に合う本がわからないといった、似た気持ちの現れなのだろう。そうした時のお客さんは大抵が不安そうで、途方に暮れた表情をしている。わたしも服を選んでいる時、このような顔をしていたのかもしれない。

店を開き、スーツを着ることもなくなって、いまでは服に関して思いわずらうことがほとんどなくなった。手を動かし店に並べた本は大体が自分の延長でもあるから、そこにいるだけで気がおさまってくるということもあるのだろう。

キリンの松

暮れも押し迫ったころ、現在借りている店舗の更新手続きを行うため、近くにある大家さんの事務所まで伺った。不動産屋さん立会いのもと、契約書二通にそれぞれ実印を押していく。「調印式」というほどではないけれど、実際に本を売るという活動も場所があってはじめて成り立つことなので、ハンコを押す時はやはり改まった気持ちになった。

「今年は大変だったでしょ。コロナでいろんなことが変わっちゃったからね」

手続きのあと、大家さんはそうねぎらってくれた。そういえば毎年隣の建物では、氏神さまである井草八幡宮の秋祭りの期間、土間を使って臨時の御神酒所《おみきしょ》がつくられるのだが、今年はその太鼓の音も聞こえないまま終わった。

トン、トン、トト、トン、トコトコトン……

音を聞くだけでも、上手な人とそうでない人の違いはなんとなくわかるようで、上手な人の叩く音は一つ一つ輪郭がはっきりとして迷いがない。店の営業中に太鼓の音が聞こえてくるのが最初は少し調子はずれに感じられたが、慣れてくるとそれは気にもならず、いまではその音がないと季節が回っているという実感が持ちづらくなった。

五年前、最初にこの建物の契約を行ったとき、そこにいたのはいまの大家さんのお父さんだった。その時でおそらく九〇は超えていたであろうか。どことなく大人《たいじん》の風格があり、背も高くて、すこし詩人のまど・みちおに似ていた。

「いや、あなたの計画がしっかりとしてよかったのでね……。あなたに決めさせてもらいましたよ。名前も縁起がよさそうでいい。タイトル、たいとる、鯛を取る……。いわれたことはない？」

いや、ありませんねとはいえず、そのときは苦笑いをするだけだったが、そのように受け取ってもらえたことを知りTitleという名前にしてよかったと思った。

契約の手続きを済ませたあと、Iさんはこのあたりのことについて色々と教えてくれたが（歌舞伎役者の◯◯が住んでいた、昔はこのあたりにも本屋があった、結局のところまあいい場所といえるのではないか、等々）、そうした土地と関わりが持てることは元々東京に縁のないわたしたち夫婦にとって心強く、またうれしいことでもあった。

Iさんとはその後、店の前で出会ったときに挨拶を交わしていたのだが、店が開店してしばらく経ったあと、姿を見かけないと思ったら急にお亡くなりになった。あとで奥さんから聞いたところによれば、Iさんは最後までこの店のことを気にかけてくださったという。鷹揚に笑ってはいても、こうした時代に本屋を開くことに対し、やはり心配に思うところもあったのかもしれない。

店の契約が決まり工事もはじまったある日のこと。これから店舗になる建物の周りを歩いていたとき、建物の裏側に長い松の木が生えていて、その脇に小さな祠《ほこら》があるのを見つけた。おそらくIさんか、そのずっと前のご先祖さまがそこにお祀りしたのだろう。私有地にあり、近くまでいくのはためらわれたので、「これからお世話になります」と、その時は遠くから手を合わせた。

その大きな松の木はいまでもキリンのようにひょろりと立っており、下から見上げるだけでも、まるでIさんのように見えてくるのだった。

わたしはもうもどらない

五月。店の営業を再開するとき、レジカウンターに透明のフィルムを設置した。フィルム越しに話すことは、最初、変わってしまった世界を否が応でも思い出させたが、いまその存在が意識にのぼることはほとんどない。

そうしたことはたくさんあって、さきほどまで話をしていた人が、帰り際にマスクを整える姿を見て、ああ、そうであったと、いまの状況を思い出した。あたらしいルールは身体に習慣化されているが、なんのためにそれをしているのか、肝心なことを忘れてしまったような……。

なんのためにだって?

現在カフェでは対面の席は作らず、お客さんには間隔をあけ横並びで座るようお願いをしている。ある日、二人連れの若い女性がカフェに入ろうとしたとき、席は対面テーブルの椅子を間引いた一席しか空いていなかった。

「いま、お二人では入れません」

妻がそう断ったところ、カウンターにいた初老の男性が、「向かい合って座ることはできないのでしょうか」と尋ねてきた。がっかりしている彼女たちを見て、かわいそうに思っているのはあきらかだった。

「いや、それはうちではお断りしていますから」

妻はそのとき、彼女にしては強めにいったと思う。「なぜ」の基準が揺れはじめたとき、それを示して秩序を取り戻すのは、その場を守るものの仕事である。

彼女はそのとき、口だけではなく身体もはっていた。そのささいなやり取りはいまも強く記憶に残っている。


荻窪は東京とはいっても、都心から離れた西のはずれで、店はそこからさらに歩いた場所にある。今年はほとんどの時間を、そうしたはずれの、家と店とのわずか一キロのあいだで過ごした。例年にもまして世間には疎くなったが、それだけ世のなかのペースに巻き込まれずにすんだのはよかった。

食の思想史が専門の藤原辰史さんは、現代の社会状況を表す際、「資本主義」や「ファシズム」といった出来合いの用語を使うのではなく、「高速回転」が問題なのだと、独特のことばで表現する（『生活者のための総合雑誌 ちゃぶ台6』より）。

あそこによくわからないけど、ひたすら高速回転しているやつがいる。近づくと巻き込まれ、消耗することはわかっていても、「もっと」という欲には人を動かす力があるのだろう。思えば自分の店をはじめたのも、人の力では制御できない「高速回転」から身を遠ざけたかったのかもしれない。

「本を売った」という実感が、強く手元に残った一年だった。いつもとは違う危機的な状況のなか、仕事自体は変わらなかったが、普段から行っていることの意味が、次第にはっきりと浮かび上がってきた。

社会がいっときスローになり、自分を見つめなおす人が増えたように思う。たとえば同じ本を紹介したことばでも、それがより深く、遠くまで届くようになった実感がある。それはこうした思うにまかせぬ一年であっても、よかったことの一つではなかったか。

コロナ禍がなく、予定通りオリンピックが行われた高速回転する世界には、わたしの居場所はなかっただろう。これまでと同じように、店をやっていたほうがよかったかと聞かれれば、決してそうだとは言い切れない自分がいる。

わたしはもうもどらない。

小さな声、光る棚

――あとがきに代えて

自分の話す声が人より小さなものであると気がついたのは、働きはじめてすぐのころだっただろうか。本を売るというこの仕事をはじめてみたものの、結局は誰にでもできる、いち販売員の仕事に過ぎないのではないかという疑いは、どこまで行っても消えることがなく、大きくて有名な会社に入った同級生がまぶしく見えたのも、またこのころのことだった。

「三点で二五九〇円になります」

店に来るスウェットにサンダル履きのお客さん相手に、しぶしぶそうした接客用語をくり返していたら、いつの間にか彼らから「えっ」と聞き返されることが増えてきた。

元々声は小さかったのだろうが、その頃のわたしには、自分の仕事に対する自信というものがまるでなかったのだと思う。人から聞き返されるたび、言いたかったことをもう一度モゴモゴとくり返し、そのような自分もみっともなくて嫌だった。

わたしにも何かできることがあるのだろうか……。

現実のゆるぎなさを身にしみて実感していたある日、お客さんから注文を受けた本がぼろぼろの姿で入ってきたことがあった。「これはないですね」とその場にいたスタッフみんなで話していたのだが、その時いた社員はわたし一人だけだったので、わたしがその対応をすることになった。

電話に出た出版社の男性は、横柄だった。電話をかけてきた相手がまだ若く、頼りなげな声をしているのも彼の態度に拍車をかけたのかもしれない。

「出荷した本が駄目というのなら、またもう一度問屋に出し直しますよ。少し時間はかかりますけどそれが届いたら、いまある本は返品すればいいでしょう」

彼はさも面倒であるという感じを漂わせながら、そう話した。それを聞き、わたしの中で抑えていた何かが爆発した。

「あなたのところの本が人に渡せる状態じゃないから、こうして電話をしてるんです。それを読む人がいることを、あなたは考えたことはないのですか」

電話口でわたしが急に大きな声で怒鳴りはじめたものだから、周りにいたスタッフはみな驚いてこちらを見た。自分がそのようなことを大声でいうなんて、わたし自身にも驚きであった。

仕事に対する意識が変わりはじめたのは、その小さなやり取りを境にした、そのあとからだったように思う。大きな声はいざというときに取っておけばよい。その本は出版社が直接店まで送ってくれることになり、翌日お客さんに無事手渡すことができた。

*

本書に使われた写真は、すべて写真家の齋藤陽道《はるみち》さんが撮影してくれたものだ。彼にはこれまでも幾度か店の写真を撮ってもらったことがあるが、その気配を感じさせない身のこなしは、野生動物を想像させる。気がつけば思わぬ場所に立ち、こちらの意識しない表情を撮る彼は、わたしからすれば静けさそのものであった。

だがそんな彼の体の中には、時に自らを圧してくる叫びが渦を巻いていたのかもしれない。聴覚に障害のある彼が、写真という自分の〈声〉を獲得するには、彼にしかわからない血のにじむような体験があったのだろう。のちに齋藤さんが障害者プロレス団体「ドッグレッグス」にも所属していたのを知り、驚いたことがあったが、殴り合うことで交わされることばを通じ、解放される感情があったのだと思う。彼の写真の底にある「いま、ここにいる」というざらりとした手触りは、そうした激しい感情を根っこに生まれてくるものなのかもしれない。

「ある日の、Titleのまわり。そのようなことをイメージしながら撮影していただくとよいかもしれません」

撮影の前日、齋藤さんにはそう短く伝えた。写真は二〇二一年の四月一六日から三日間にわたり撮影されたが、渡された五一〇枚の写真には、驚くほど多様な街の顔が記録されていた。

店の営業時間は正午から一九時半までと決まっているが、彼が荻窪の街で過ごした時間は早朝から陽の沈んだあとまで。写真家は〈光〉とともにある生き物なのだと、写真を見ながらあらためて思った。

三日のあいだは、体は離れていても、ずっと彼と一緒にいたような気がしていた。雨の降る朝、日が差す午後。店のウィンドウから見える外の景色を眺めながら、齋藤さんはいまどこにいるのだろうと思い仕事をしていた。

「明日は晴れた店の姿を収めて、それで終わりにします」

二日目の夜、彼から渡されたメモにはそのように書かれていた。わたしが見た予報では翌日も天気はそんなによくなかったはずだが、明日は晴れるのだろうか。そう思いながらその日は別れたが、翌朝カーテンを開けてみると、外は真っ青に澄んだ空。その日齋藤さんは店に立ち寄らなかったが、朝の光に照らされたあたらしい一日を迎える街と店の姿が、写真には見事に写し取られていた。

*

休日。他の書店に入ってみると、必要以上に大きな声をした本が優先して並べられていることに気がついた。あわよくばたくさんの人から注目され、他を圧倒してやりたい。そうした自意識を隠そうともしない本に触れると心底ぐったりとして、その店からはほうほうの体で出てしまう。

本屋とは、同じように本を並べていても、こうも違う店ができあがってしまうものなのだ。Titleに並んでいる本は声が小さく、ほかの本の存在をかき消すことはないが、近くによってみるとそれぞれ何ごとかつぶやいているようにも思える。

誰かの真似ではなく、その人らしく語られたものであれば、人は自然とその声に耳を傾けるようになる。

それは店を続けていくあいだ、わたしのなかに芽生えた信念でもあるが、一冊の本の持つ微かな声を聞き逃さないようにすれば、その店に並ぶ本も次第に光って見えてくる。


「あの店の棚は光って見えるよね――」

書店で働くもの同士であれば、そのような会話も自然と通じるものだ。一冊ずつ手がかけられた書棚には光が宿る。それは本に託した、われわれ自身の小さな声だ。ただ本を売ることは誰にでもできるかもしれないが、書棚に光を宿すのは、思いの詰まった仕事にしかできないことかもしれない。

いまでも接客のとき、お客さんに伝えた言葉を聞き返されることは変わらずある。
だが、それもいまでは気にならなくなった。
その小さな声が、わたしの声なのだから。

この本が読者の手に届くまでの過程で関わってくださったすべての人に感謝します。

本書に関わる本

・『新版 動的平衡』福岡伸一／小学館新書
・『写真講義』ルイジ・ギッリ、ジャンニ・チェラーティ／萱野有美＝訳／みすず書房
・『ローカルブックストアである 福岡ブックスキューブリック』大井実／晶文社
・『城』フランツ・カフカ／前田敬作＝訳／新潮文庫
・『カゲロボ』木皿泉／新潮社
・『幸福書房の四十年 ピカピカの本屋でなくちゃ！』岩楯幸雄／左右社
・『橙書店にて』田尻久子／晶文社
・『本を贈る』若松英輔、島田潤一郎、矢萩多聞、牟田都子、藤原隆充、笠井瑠美子、川人寧幸、橋本亮二、久禮亮太、三田修平／三輪舎
・『終わりと始まり』ヴィスワヴァ・シンボルスカ／沼野充義＝訳／未知谷
・『小商いのすすめ』平川克美／ミシマ社
・『熊を彫る人』在本彌生＝写真／村岡俊也＝文／小学館
・『他者の苦痛へのまなざし』スーザン・ソンタグ／北條文緒＝訳／みすず書房
・『考える教室 大人のための哲学入門』若松英輔／ＮＨＫ出版
・『人間の条件』ハンナ・アレント／志水速雄＝訳／ちくま学芸文庫

・『庭とエスキース』奥山淳志／みすず書房
・『鶴川日記』白洲正子／PHP文芸文庫
・『月で読む あしたの星占い』石井ゆかり／すみれ書房
・『マリアさま』いしいしんじ／リトルモア
・『たやすみなさい』岡野大嗣／書肆侃侃房
・『いのちを呼びさますもの』稲葉敏郎／アノニマ・スタジオ
・『誰にでも親切な教会のお兄さんカン・ミノ』イ・ギホ／斎藤真理子＝訳／亜紀書房
・『歩きながら考える』歩きながら考える編集部
・『風の谷のナウシカ 一～七』宮崎駿／徳間書店
・『京都・六曜社三代記 喫茶の一族』京阪神エルマガジン社
・『それから それから』高山なおみ＝文／中野真典＝絵／リトルモア
・『私とあなたのあいだ』温又柔、木村友祐／明石書店
・『服のはなし 着たり、縫ったり、考えたり』行司千絵／岩波書店
・『生活者のための総合雑誌 ちゃぶ台6』ミシマ社＝編／ミシマ社
・『声めぐり』齋藤陽道／晶文社

辻山良雄 つじやま・よしお
東京・荻窪の新刊書店「Title」店主。
一九七二年兵庫県生まれ。
大手書店チェーンリブロ勤務ののち独立し、
二〇一六年一月荻窪に「Title」を開く。
書店経営の傍ら書評やブックセレクションの仕事も行う。
著作に『本屋、はじめました』(苦楽堂、ちくま文庫)、
『365日のほん』(河出書房新社)、
共著に『ことばの生まれる景色』(nakaban＝絵、ナナロク社)がある。

本書はウェブサイト「幻冬舎plus」に掲載された
連載「本屋の時間」(二〇一六年一二月一日〜二〇二一年二月一日)から
文章を選び、大幅に加筆・修正を加え、再構成したものです。

小さな声、光る棚
新刊書店Titleの日常

二〇二一年六月三〇日　第一刷発行

著者　辻山良雄
発行人　見城徹
編集人　福島広司
編集者　相馬裕子
発行所　株式会社　幻冬舎
〒一五一-〇〇五一　東京都渋谷区千駄ヶ谷四-九-七
電話　〇三(五四一一)六二一一〈編集〉
〇三(五四一一)六二二二〈営業〉
振替　〇〇一二〇-八-七六七六四三
印刷・製本所　中央精版印刷株式会社

検印廃止

Printed in Japan　ISBN978-4-344-03804-2 C0095
幻冬舎ホームページアドレス https://www.gentosha.co.jp/
この本に関するご意見・ご感想をメールでお寄せいただく場合は、comment@gentosha.co.jpまで。